石井香世子
小豆澤史絵

外国につながる子どもと無国籍

児童養護施設への調査結果と具体的対応例

明石書店

本調査は、日本学術振興会の科学研究費助成事業（科研費）を得て実施された共同研究プロジェクト「アジアの越境する子どもたちとトランスナショナル階層社会の出現に関する実証研究」（基盤研究（A）no. 16H02737, 二〇一六－二〇一九年度）の一環として実施されました。

また本書は、立教大学出版会の助成を得て刊行されたものです。

目次

はじめに

(1) なぜ子どもの国籍問題に向きあう必要があるのか

日本全国にある約六〇〇カ所の児童養護施設に質問票を送り、有効回答のあった三〇〇カ所のうち七二カ所、じつに四カ所に一カ所に、外国につながる国籍があやふやな子どもが措置されたことがある――という調査結果をまとめたのが、本書です。本書の中で「無国籍」と言うとき、どの国の法律によっても国籍を取得できない「法律上の無国籍」の人も、手続きをすれば国籍を取得できる可能性があるが、手続きしていない「事実上の無国籍」の人も含めて、「国籍があやふやなまま生きている」人たちのことを指すことにします。また本書の中では、「無国籍」のなかでもとくに外国につながる子どもの「無国籍」について扱うこととします(「無国籍」の定義と本書の中での使い方に関する詳細は、第1章2節を参照してください)。また本書では、第1章と第6章を除いて、とくに注意なく「子ども」という場合、児童養護施設に措置される対象年齢となる三~一八歳の人を指すこととします。

調査結果の報告を通して本書は、二つのメッセージを伝えようとしています。一つめは、「日本で生まれたり、ごく幼いうちからずっと日本で育ち、日本でも両親の母国でも国民として登録されない子どもたちが、日本中にいる。この人たちが人生で抱える困難について、私たち一人一人が直視しなければならない。なぜなら、今の日本は、多様な人々によって支えられている社会であるからだ」というものです。二つめは、「無国籍かもしれない子どもがいたら、できるだけ早い段階で、『無国籍』の状態を脱するよう手続きすることが大切だ」というものです。

さまざまな制約や限界を伴う今回の調査でしたが、調査を通して大まかに以下のようなことがわかりました。

①大都市圏や外国人労働者が多い地域に限らず、日本全国に、「無国籍」の子どもが措置されたことのある児童養護施設がある。
②有効回答のあった児童養護施設三〇〇カ所のうち七二カ所、つまり約四カ所に一カ所に、「無国籍」の子どもが措置された経験がある。
③有効回答に表れた「無国籍」の子ども一六六人のうち四九人、つまり四人に一人以上が、外国につながる「父親または両親」を持っている（いた）。
④子どもに直接かかわる児童養護施設職員の中では、どこに「無国籍」の子どもの国籍取得について相談すればよいかという知識や手順が共有されていない。

今回の調査で存在がわかってきた「無国籍」の子どもたちは、労働力が不足する日本に外国から働きに来た人々を親に持つ場合が、ほとんどです。今日、日本には人口の一・七％にあたる二三八万人の外国籍の人が暮らし、そのうち約四五％は永住者です（法務省 二〇一八ａ）。永住者約一〇七万人のうち特別永住者は三四万人で、その三分の一であり、残りは、地域ごとに多い・少ないといった偏りはありますが、世界中ほとんどすべての国から来たさまざまな背景を持つ人々が構成しています。「無国籍」の問題は、自分とは違う特殊な立場の人（無国籍者）のみが直面する問題としてというより、多様な人によって支えられる日本社会そのものの問題として私たち自身が取り組む必要があるのではないでしょうか。二〇一八年現在、「無国籍」の問題を大学の授業で扱うと、学生たちから以下のようなコメントが返ってくることもあります。

「子どもが無国籍になることがわかっているのに、そんな状態で子どもを作って産むという、親の無責任さが理解できない。そんな無責任な親の子に国籍を与えることに、果たして意味があるのか。結局、親と同じような人間にしかならないのではないか。」

もしかすると、これに近いことを考えたことがある人は、意外と少なくないかもしれません。しかし私たちは、もう一度、しっかりと考えてみる必要があるのです。もし親自身が無国籍者である場合、無国籍の人は基本的に自分で選んで無国籍になったわけではありません。また、もし親が非正規滞在者である場合、なぜその親は、非正規滞在という選択肢を選ばなければいけなかったのでしょうか。経済学者のアマルティア・センは「なぜ、ひとがその選択肢を選ばざるを得なかったか、その背景が問題だ[*1]」（Sen 1999: 44-45）と言っています。この見方をすれば、母国で貧しさ等に苦しむ人にとって、非正規滞在となっても、よりよい賃金を得るために移民労働者になることを選ばざるを得ない状況そのものが問題だということになります。こうした「選ばざるを得ない」結果として「非正規滞在者として働く人たちは、子どもを生み育てることも、許されなくて当然」と言い切ることはできるでしょうか。しかも、こうした人々のおかげで、私たちの便利な生活が成り立っているとしたら――私たちは、何の特権で、自分たちは家族を持つ権利があるのに、彼らにはないと、言い切ることができるのでしょうか。「無国籍」の問題は、日本社会そのものの本質的な問題の一つとして受け止め、取り組む必要があるのではないでしょうか。

そしてもう一つ、この調査報告に際して私たちが大切だと考えるのは、「無国籍」の子どもに接する機会のある方々に、子どもたちができるだけ早い段階で、「無国籍」状態を脱するよう、支援できる大人が周囲にいるあいだに手続きをすることが大切だと知っていただくことです。どこに・何を相談すればよいのか、どういった「解決」方法があるのかについては、本書の第6章で対応例を示しました。

(2) 本書の構成

本書は、調査結果の報告（第2〜5章）とケース別対応例（第6章）の二つの部分に分かれています。まず第1章で、本書の中で用いる「無国籍」の定義を整理し、「無国籍」とは何かを簡単に解説します。第2章では、今回の調査は何を知るために、どのように調べたのかを解説します。そして調査の結果見えてきた「無国籍」の子どもたちを、本書では、二つに分けて考えることにします。一つめは、第3章で検討される、親が強制送還されるとき一時的に児童養護施設を「通り過ぎる」子どもたちです。二つめは、第4章で示される外国から来た親のもとに日本で生まれ、どこかの国の国籍を取得する前に、親が死んだり、失踪したり、別の国へ移動したあと連絡がつかなくなった、「取り残された」子どもたちです。その後、第5章で、今回の調査結果から見えてくる問題の焦点はどこにあるのかを、今日の日本社会を形づくる人々の多様化の側面から、ふり返ります。最後に第6章では、もし私たちが「無国籍」かもしれないと思う子どもに出会ったら、できるだけ早い段階で、国籍があやふやな状態から脱するための手続きをしておくことが大切だという点について、解説します。また、具体的にどのような「解決」方法があるのか、そのためにはどのような窓口に、どのような手続きをする必要があるのかについて、大まかな対応例を示します。この第6章には、「無国籍」かもしれない子どもに出会ったときのケース別対応フローチャートと、筆者たちが知る限りの相談窓口一覧もつけました。

今回の調査は、日本における国籍問題の全貌を把握するためにはまだまだ不完全・不十分なものです。しかし、「確かに、日本中のあちこちに、『無国籍』のまま成長している子どもたちがいる」という事実だけは、明らかになったということができるのではないでしょうか。以下では、その詳細を見ていきましょう。

注

＊1　日本語訳は、一九八八年出版の邦訳書、鈴木興太郎訳（九一頁）を参考にした（一九九九年版は、一九八五年の初版をもとにしている）。

第1章　無国籍とはなにか

(1) 無国籍者と統計

「無国籍の問題を無視することで解決しようとした政治家の決意は、信用すべき統計がまったく存在しないという事実にも表れている」[*2]（Arendt 1958: 279）。

今から半世紀以上前に出版した本の中で、政治哲学者ハンナ・アーレントは、こう言いました。当時のヨーロッパには、たくさんの無国籍者がいました（Arendt 1958: 279）。第一次・第二次世界大戦とその戦間期に、ヨーロッパの国々は、いわゆる「敵性国民」から国籍を剝奪していきました（Blitz & de Chickera 2012: 239）。またナチスの政策によって、多くのユダヤ系の住民が無国籍（状態）になりました（Blitz & de Chickera 2012: 239）。それにもかかわらず、無国籍者の問題は、第二次世界大戦後すぐには解決されませんでした（Arendt 1958: 279）。なぜか――アーレントは、その理由の一つを、そもそも無国籍者は、無国籍のためどの統計にも表れない。そのため問題がなかったことにされてしまうのだと言うのでした。

この「無国籍者についてては統計がないから、存在を確認できない。そのため有効な対策が講じられにくい」という構図は、二一世紀になった今日もあまり変わっていません。ＵＮＨＣＲ（国連難民高等弁務官事務所）によれば、二〇一七年時点で世界には約一〇〇〇万人の無国籍者がいると見積もられていますが（UNHCR 2018）、今日でも無国籍者に関する基本的な統計は存在しません（Sigona 2016: 265）。そもそも無国籍者とはだれかというのが定義する人によってさまざまなため、無国籍者の統計をつくるのが一層難しくなっているのです（Sigona 2016: 265）。そして今日の日本にもまた、この状況はそのまま当てはまると言えるでしょう。

二〇一七年に、法律の研究者や実務家からなる無国籍研究会が出した日本の無国籍の現状に関する報告書『日本における無国籍者――類型論的調査』では、「日本には、何人の無国籍者が滞在しているのであろうか。既存の統計を使ってこの問いに答えるのは難しい」（小田川・関二〇一七：二二）としています。日本の公式統計にも、「無国籍（者）」の数を計上している統計はいくつもあるのですが、だれがどういう基準で「無国籍者数」を算出したかがあいまいで、統計ごとに数値がまったく異なります。在留外国人統計（二〇一六年一二月末）では「無国籍」五九四人、国勢調査（二〇一〇年）では「無国籍・不詳」が一七万四八二一人……など、統計ごとに対象とする範囲も、だれが無国籍者として分類されるかも、非常に多様で、これをもって日本の無国籍者の数だと言えるような統計は、今のところありません（小田川・関二〇一七：二一）。

また、二〇〇〇年末から二〇〇一年初めにかけて、日本社会福祉事業団と奥田らが全国の児童相談所を対象に実施したアンケート調査の結果をまとめた『数字でみる子どもの国籍と在留資格』では、以下のように記述されています。

子どもが無国籍であると思われるのは、一七件である。そのうちの四件はブラジル人夫婦の子どもであり、一一件はブラジル人母の婚外子であった。残りの二件は、ペルー人母の婚外子が本国に届けられていないケースである。

これらの子どもは、たしかに出生時には、無国籍であったと言わざるをえないが、親の本国の国籍を取得することが全く不可能であるわけではない。（奥田二〇〇二：一一一）

（2）無国籍の定義

無国籍者の数の把握が困難な理由の一つが、無国籍とはどういった状態を指すのかという根本的な問題について、見解が分かれていることです。だれを無国籍者とするかについての国際的な統一基準はなく、無国籍の定義は国や文脈によって変わってきます（Sigona 2016: 265）。そしてこれは、グローバル化が進んで国境を越える人の移動が増えている昨今、ますます複雑な、難しい問題になってきています（Bhabha 2011: 19）。こうした状況を反映して今日では、国際機関や各国の法律実務に携わる人々、または、それぞれの分野の研究者の間でさまざまな定義がなされています。無国籍を指す言葉も、「法律上の無国籍」、「事実上の無国籍」、「実質的な無国籍」、「無国籍状態」など、さまざまな用語が、使われる分野や場面、人によって意味や範囲を変えながら使われています。本書の目的は一つ一つの定義を明らかにすることではありませんが、以下で「法律上の無国籍」と「事実上の無国籍」という二つの概念の区別を簡単に解説します（表1）。

まず「法律上の無国籍」とは、どの国の法律によっても、国籍を得ることができない立場の人

表1　無国籍の種類

	法律上の無国籍	事実上の無国籍
定義	どの国の法律によっても国籍を得ることができない状況	どこかの国の国籍を持てるはずだが、その国が定めた国籍取得に必要な手続きや登録をしていないため、国民としての権利を行使できない状況
例	(1)父親の国籍国の外で、出生地主義の国の国籍を持つ父と、父系血統主義を持つ国の国籍を持つ母の間に生まれた子 (2)代理母を認めない国の国籍を持つ夫婦が、代理母経由の国籍取得を認めない国の女性に代理母を依頼して、その女性の国籍国で生まれた子ども (3)無国籍者の子として生まれた子など	(1)親の国籍国の、本籍地となっている地方役場の窓口に、必要書類を提出することが事実上不可能だった、移民労働者の子ども

出典：Bhabha（2011: 1）より筆者作成
例はさまざまな事例や文献をもとにした筆者による補足。

たちのことを指します（UNHCR 2018: 52）。国ごとに異なる規定を持つ国籍法の隙間に落ちてしまった人です（Bhabha 2011: 1）。典型的な例は、出生地主義を採る両親の子として、血統主義を採る国で生まれた子などがこれに当たります。

もっとも、最近の生殖医療の進化によって、新たな「法律上の無国籍」の子の問題も発生しています。具体的には、二〇〇八年にインド人「代理母」を通じて生まれた日本人夫婦の子の例があります。モハパトゥラ（Mohapatra 2012）によれば、二〇〇七年にある日本人夫婦が、「匿名の提供者」の卵子を用いる形で、インドの女性に自分たちの子どもの「代理母」となることを依頼しました。しかし、その子が生まれる前に日本人夫婦は離婚しました。子どもがインド人「代理母」から生まれた時、その「代理母」も匿名の卵子提供者も、子どもと遺伝的なつながりもない依頼時の日本人の「母」も、子どもの「母親」になることに同意しませんでした。遺伝的なつながりのある父親は、自分の名前を子どもの出生届の「父親」欄に記入し、子どもを日本へ連れて帰ろうとしました。しかしその時、この子が日本からもインドからも国籍を認められず、パスポートが発給されないことがわかったのです。日本の法律では、分娩の事実をもって母が決まるとされています。法的に婚姻関係のない男女から生まれた子が日本人の母を持つ場合は、日本人母から生まれた分娩の事実で日本国籍を得ます。一方で二〇〇七年時点の日本の法律では、法的に婚姻関係のない男女から生まれた子が日本人の父を持つ場合、日本人の父親が胎児認知をしていなければ、生まれながらの日本国籍を取得することはできませんでした。その結果、(何らかの理由で、日本人の父親が胎児認知をしていなかったと思われる)この子は、生まれながらの日本国籍を取得することはできませんでした。またインドの法律では、子どもは母親の国籍を継承するとされ、同時に代理母は法的な母親にはならないと定められていました。そのためこの子は、インド国籍も取得できなかったのです(Mohapatra 2012: 417-420)。

一方、「事実上の無国籍」とは、本来はどこかの国の国籍を持てる(持っている)はずの人が、出生登録など定められた手続きをしていない(できない)ために、実際には無国籍状態にあることをいいます(Blitz & Lynch 2011: 3)。国籍国の外で暮らす親の子として生まれた子どもたちも、事実上の無国籍になる場合があります(Bhabha 2011: 1-2)。今日、国境を越えた人々の移動が盛んになるなかで先進国・途上国に関係なく、世界のさまざまな国で非正規滞在者の親から「無国籍世代」が生まれているのではないかという考えもあります（van Waas 2007: 439）。親がどこかの国に国籍を持っていたとしても、親の本国で出生登録がされなければ、「事実上の無国籍」になるリスクがあります（Bhabha 2011: 1-2）。国籍国の外にいる親が非正規滞在であれば、本国で出生登録されないリスクは高くなりますが（Bhabha 2011: 6）、仮に親が正規に滞在していても、子どもを本国で出生登録するのに必要な書類を整え、翻訳や証明書をつけて、期限内に定められた書類を提出するのは、なかなか難しい場合も少なくありません（Ball et al. 2014: 3-4）。また国や地域によっては、出生登録の際に子どもの出生証明だけでは（事実上）登録できず、両親の婚姻証明や、両親の署名が出生登録に必要な場合もあります（Butt et al. 2015: 4）。こうなると、子どもが生まれた時にはすでに両親が別々の国で働いている家族や、両親が海外で出会ってそこで結婚している家族、両親それぞれの国籍国が違い結婚証明を取り寄せるのに複雑な手続きが必要な家族……などは、「本来の国籍国」で子どもの出生登録をするのに、大変な時間と労力と経費を必要とするケースも出てきます（Ball et al. 2017: 306）。そもそも、国籍国のしかるべき役所に書類を提出に行ってくれる親族等がいなければ、書類の提出が難しいこともあるのです（Ball et al. 2014: 3）。

　また、日本の役所が発行した書類の国籍欄に「○○国」と書かれているために、本国での登録が遅れてしまうこともあります。両親ともに外国籍の子どもが日本で生まれた場合でも、日本の役所で出生届を提出し、入国管理局で在留資格を取得する必要があります。その際、親がパスポート等、本国が発行した書類を持っていない場合、子の国籍はどのように記載されるのでしょうか。法務省のホームページで公開している「国籍Q＆A」の「Q１：国籍とは何ですか？」という問いの答えには、「どの範囲の者をその国の国民として認めるかは、その国の歴史、伝統、政治・経済情勢等によって異なり、それぞれの国が自ら決定することができます。このことから、国は、ある個人が他の国の国籍を有するかどうかまでは、決めることができません」と書かれています。[*3] しかし実務では、親の本国を証明する書類がない場合でも、在留資格を取得する際に入国管理局が、親の申告等に基づいて、子どもの国籍を「〇〇国」と看做し、子の在留カードの国籍欄に「〇〇国」と記載されることが少なくありません。その在留カードを持っている子どもは、自分は「〇〇人」だと信じて育ちます。そして実際にパスポートが必要になったり、日本の役場に婚姻届けを出すため出身国の独身証明書が必要になったりしたときに初めて、「実は〇〇国に、自分は国民として登録されていない」ことに気づくのです。最悪の場合には、何らかの事情により「強制送還」されることになったとき、自分を受け入れる国がないことに気づく人さえいます。このような例でも、生まれてすぐであれば、本国で出生登録が可能だった場合があります。しかし、長い年月のあいだに書類が紛失したり、親との関係が切れてしまったり等のさまざまな理由により、気がついたときには、本国での出生登録が「不可能」と言える状態になってしまうことがあるのです。

　この「事実上の無国籍者」の中には、出生登録が「事実上不可能となっている人」もいれば、「手続きに必要な書類は手元にあるし、ちょっとがんばって手続きさえすれば登録できる人」もいます。後者を、「無国籍者」と呼ぶことに、抵抗がある人もいるかもしれません。しかし、この「ちょっとがんばればできる手続きを何らかの理由でしない（できない）でいる」あいだに、本国での登録がとても難しくなることが決して珍しくないことはすでに述べたとおりです。

そこで、本書の中で「無国籍」と言うときには、どの国の法律によっても国籍を取得できない「法律上の無国籍」の人も、「手続きをすれば国籍を取得できる可能性があるが、手続きしていない」事実上の無国籍の人も含めて、「国籍があやふやなまま生きている」人たちのことを指すことにします。法律を専門とする方には違和感があるかもしれませんが、本書の目的の一つは、実際に「無国籍」の子どもたちに接する機会のある方々に、「ちょっとがんばればできる手続き」の大切さを知っていただくことですので、敢えて広く、とらえることにします。ところで、無国籍とよく混同される問題として「無戸籍」がありますが、本書で扱うのは、外国につながる子どもの「無国籍」の問題です。もっとも、この二つの問題は重なる部分もあります。無戸籍と無国籍の関係については、第6章で解説します。

（3）なぜ無国籍になるのか

無国籍の人には、生まれた時には国籍があったけれども人生の途中で国籍を失った人と、生まれながらの無国籍の人がいます。生まれた時には国籍があったけれども人生の途中で国籍を失う人の場合、具体的な理由には、たとえば以下のようなものがあります。①戦争や災害で国籍を証明するものがなくなってしまった、②国の体制が変わったり、国そのものがなくなってしまった、③思想や政治的行動・徴兵拒否といったことを理由に国籍を取り消されてしまうなど（Blitz &

Lynch 2011: 5)。生まれた時から無国籍の人については、具体的な無国籍の理由として、おもに以下のようなものがあります。たとえば①無国籍の親から生まれた、②代理母制度を認めていない国の両親が依頼して、外国の代理母から生まれた、③国籍国が違う両親を持ち、それぞれの母国の国籍法の隙間に落ち込み国籍を持てない、④マイノリティであることを理由に国籍をもらえない、などです。事実上、さまざまな複雑な要素が絡みあって、無国籍はしばしば親から子へ、世代を超えて引き継がれていきます――ここが重大な問題だと、私たちは考えます。

(4)日本の無国籍者

日本の無国籍者を背景で分けると、大まかに言って以下の三つに分けられるでしょう。①無国籍の人が、日本にやってきて暮らすようになった場合、②日本で暮らすようになったあと、もともと持っていた日本以外のどこかの国の国籍を失ったり、認められなくなった場合、③どの国の国籍も持たないまま、日本で生まれ育った場合。

日本は明治時代から、労働者を海外へ送り出す移民の送出し国でした。日本人が、ハワイやカリフォルニア、ブラジル、フィリピンといった国や地域へ、プランテーション労働者や建築労働者等として働くため、移住していったのです。これが一九七〇年代を境に、日本は労働者の送出し国から受入れ国に転じていきます(Douglass & Roberts 2003: 7)。日本の経済発展が進み労働力が不足し始めると、外国人労働力でそれを補充するようになりました(Jones 2003: 38)。しかし日本は、日系人や専門技能を持った人以外に労働ビザを発給してきませんでしたので、実際には、いわゆるオーバーステイ（非正規滞在）の状態で働く人も多かったのです（Chung 2014: 4）。こうした非正規滞在の労働者が、子どもの無国籍の問題につながっています（日本弁護士連合会編 二〇一一：四九）。

一九九〇年前後から、日本にいる非正規滞在者の子どもの無国籍問題が、報道されるようになってきました。たとえば、日本で最初に広く報道された無国籍の子どもの例となった、アンデレちゃんのケースがあります。以下、信濃毎日新聞社がまとめたこの事件の記録（信濃毎日新聞社編集局編 一九九五）によると、一九九一年、長野県の病院でフィリピンから来たと話す女性が、男の子を産み、一〇日後に病院を退院すると同時に音信不通になりました。母親は失踪の前に、長野県で暮らすアメリカ人の牧師・リース夫妻に、子どもが生まれたら育ててくれるよう頼んでいました。母親によれば、父親は日本人だけれども、子どもが生まれるころにはもう連絡が取れなくなっていたといいます。リース夫妻はその子どもをアンデレと名付けて、養子として引き取りました。このとき出産に立ち会った医師を届出人として、リースさんがアンデレちゃんの出生届を市役所に提出しました。このとき市役所は法務局に相談し、法務局の検討の末、アンデレちゃんは「フィリピン国籍」で外国人登録されました。アンデレちゃんの母親のフィリピン・パスポートを確認した人はいませんでしたが、母親と直接会った病院関係者などに、「母親はフィリピン人だと思った」という人がいたからでした。ところが、間もなくリースさんがアンデレちゃんのパスポートをもらいにフィリピン大使館へ行くと、大使館側は、リースさんに「アンデレちゃんは、フィリピン国籍だと証明できない。そのためフィリピン人としてのパスポートは発

図１　アンデレちゃんとリースさん一家（前列中央がアンデレちゃん。後列５人がリースさん夫妻の実子、前列の子ども３人が養子）
出典：信濃毎日新聞社発行『ボクは日本人――アンデレちゃんの一五〇〇日』より

給できない」と言いました。つまり日本の外国人登録証明書で「フィリピン人」と記載されていても、フィリピン本国で本当に国籍が認められているわけではなかったのです。こうしてアンデレちゃんが無国籍であることがわかったリース夫妻は、日本で生まれた子が「父母ともに知れないとき」日本国籍を取得すると定めている国籍法二条三号に当てはまるはずだ――生まれながらにして日本国籍を取得しているはずだと考え、日本国を相手に訴えたのです。このアンデレちゃんの国籍確認訴訟は四年間続き、最終的に一九九五年の一月、最高裁判所でアンデレちゃんの日本国籍が認められました（図１）（信濃毎日新聞社編集局編一九九五、奥田二〇一七：一六九―一九二）。

このアンデレちゃんの例を筆頭に、一九九〇年代に日本で報道された無国籍の問題は、豊かな国日本と貧しい国から出稼ぎに来る外国人女性という構図をもとに「アジアの女性の人権を踏みにじる、日本人の無責任な行為の落とし子」としてとらえられることもありました（読売新聞　一九九五年一月二八日）。ところが、二〇二〇年を迎えようとする今日、質問紙調査と追跡調査の結果を合わせると、こうした子どもたちの父親も母親も、多様な国籍、多様な職業、多様な在留資格のケースが増えていることがわかります。追跡調査では、工場で働く外国人夫婦の子どもや、通訳として働く外国人女性の子どもが生む同国人の男性との間の子どもなど、いずれの国籍も持たないまま、日本で成長しているさまざまな子どもの例が見つかりました。これは、とりもなおさず、日本社会そのものが、非常に多様な人々の労働力に頼るようになってきたことを、反映していると言えるでしょう。

本書では、こうした日本で生まれ育つ「無国籍」の子どもたちについて、とくに光を当てて調査しました。

注

＊2　日本語訳は、一九七二年出版の邦訳書、大島通義・大島かおり訳（二五二頁）を参照した。
＊3　出典：http://www.moj.go.jp/MINJI/minji78.html#a01（最終アクセス日：二〇一八年一一月二一日）

第2章　二〇一七年「外国につながる子どもと無国籍」調査について

（1）調査対象と調査手法

「日本全国の児童養護施設に、どれくらいの、『無国籍』の子どもがいるのか」——これを知るため、私たちは二〇一七年一〇月から一二月にかけて、全国六〇二カ所の児童養護施設に質問票を送りました。有効回答を送り返してくれた施設は、約半数の三〇〇カ所です。有効回答のあった施設の中に「もう少し詳しいお話やご意見を伺える可能性がある」という欄にチェックのあった施設が九つありました。私たちは、それらの施設に二〇一七年一二月から二〇一八年二月にかけて直接伺い、アンケートの回答内容について、詳しいお話を伺いました。またそれとは別に、本書の筆者と直接つながりのある施設一カ所でも二〇一八年四月に詳しいお話を伺いました。その際に聞いた内容も、本書の記述内容に盛り込まれています。

本書の筆者たちは一〇年以上にわたり、研究者や弁護士として、それぞれ「無国籍」の人たちにかかわってきました。そのなかで「無国籍」にかかわる問題を抱える子どもの相談を受けると、児童養護施設にいる子どもの例がいくつもあったのです。そのため筆者たちは、きっと多くの児童養護施設に、国籍の問題を抱える子どもたちがいるだろうと予想しました。「無国籍」の問題は、児童相談所外の子どもにも起きていると推測されています（日本弁護士連合会二〇〇三：二九）。しかし、親や親族と暮らしている「無国籍」の子どもたちについて調査をするのは、とても難しいという現実がありました。そこで筆者たちは、全国に散らばっている児童養護施設が、「無国籍」の子どもについて調査をすることが可能な、現時点でほとんど唯一の窓口だと考えたのです。そこで今回の調査では、児童養護施設を調査対象に選びました。

じつは最初は、本調査も二〇〇〇－二〇〇一年の奥田らによる調査のように、児童相談所の児童福祉司たちを通じて調査しようと考えました。児童養護施設に措置されている子どもたちについて、より詳細な情報を持っているのは児童福祉司です。しかし、プレ調査等を通じて、この一〇年・二〇年で仕事量が増えたと思われる児童相談所の児童福祉司たちに調査を実施すると、回収率が大幅に下がることが予想されました。そこで本調査では、広く浅く、全国に「無国籍」の子どもが確かに存在することを実証するという今回の調査の目的を考えて、回収率が比較的高いと予想された児童養護施設の職員に直接質問をする方法を選びました。質問票は、社会福祉法人全国社会福祉協議会・全国児童養護施設協議会作成の「全国児童養護施設一覧」[*4]に記載のあった児童養護施設すべて（六〇二カ所）に送付しました。

児童養護施設に送付した質問票では、「これまでこちらの施設に、外国につながる国籍がない（かもしれない）子どもは、いたことがあると思いますか」と尋ねました。実際の質問票は、巻末の添付資料1のとおりです。質問票を見ればわかるとおり、アンケートの質問項目は、できる限りシンプルな形の質問にしました。また質問は、正確な数や年を教えてくださいといった聞き方

表2　記述統計表

配布施設数	回収枚数	回収率	無効票	有効回答数	有効回答率
599 カ所	303 票	50.6%	3 票	300 票	50.3%

出典：調査結果より筆者作成

にすると、わざわざ記録を出してきて調べて書かなくてはいけません。突然舞い込んだアンケートに、そこまでの時間を割くことは難しいでしょう。そこで質問は、「以前いたことがある（と思う）」「現在いる（と思う）」といった、記憶をたどることで、ほぼ間違いなく答えてもらえるものだけに絞りました。つまり「いる／いた」「いたことはない」という回答だけは、できるだけ多くの施設から得られるよう工夫して、質問票をつくりました。

（2）調査結果の概要

その結果、今回の調査では、全国にある児童養護施設の約半分から有効回答を得ることができました。質問票を六〇二の児童養護施設に送ったところ、三カ所は「宛先知らず」で戻ってきましたので、実際に届いたと思われる施設数は五九九カ所です。そのうち三〇三カ所から回答があり、無効票三票を除いた三〇〇カ所が有効回答となりました（表2）。有効回答率約五〇％で、日本全国にある児童養護施設の約半分について、施設職員の方が「国籍があやふやだ」「無国籍なのではないか」と考える子どもがいる／いたか、いたことはないかを知ることができました。有効回答のあった児童養護施設三〇〇カ所のうち七二カ所、二四％の施設が、外国につながる「無国籍かもしれない」と思う子どもが措置されたことがあると回答し、措置されたことがある「無国籍かもしれない」子どもの合計は一六六人でした。

追跡調査で訪れた九カ所の施設で、合計二四人の子どもたちについて、施設に残されていた書類を職員の方に確認してもらいながら国籍情況を確認したところ、その二四人の中に生まれながらの「法律上の無国籍」と言えるかもしれない可能性のある子どもは、一人だけでした。二四人中一四人は、非正規滞在の親のもとで出生登録をせずに「事実上の無国籍」者として成長し、親の強制送還に伴ってそれが明らかになった子どもたちでした。この子どもたちは、親の強制送還の際に親と同じパスポートを取得して親の本国に「帰国」していますので、「児童養護施設に措置された当初は無国籍だった」「もし親が強制送還にならなければ、事実上の無国籍のまま日本で成長していたリスクの高い」子どもたちだといえるでしょう。また二四人中、残る九人については、外国から来た親がどこにも出生登録をしないまま、死亡や帰国・再移動で（最終的に）連絡が取れなくなった子どもたちでした。追跡調査で詳しく事情を知ることができた例によれば、こうした子どもたちは、事実上の無国籍状態で施設に措置され、やがてだんだんと親と連絡が取れなくなることが多いようです。このような子どもたちは、幼いうちは、国籍取得の可能性が高い事実上の無国籍のことが多いようです。ただし、親や関係者が国籍取得の手続きに動かない、もしくは手続きがうまく行かないまま本人の年齢が上がるにつれて、親の本国とのつながりを示す証明書類が手に入りにくくなるなどして、国籍取得の可能性が極めて困難な状況になることが多いようでした。質問票の回答から浮かび上がってきた、ほかの「無国籍かもしれない」と施設職員の方が思う子どもたちも、多くはこうした二つの状況のうちどちらかに、当てはまる可能性が高いと思われる回答結果となりました。

また、回答は全国四五の都道府県から届きました。今回送った質問票には、それぞれ、それが届く児童養護施設のある都道府県の名前が印字してありました。このため、どの県から何件の回答が戻って来たかは正確にわかります。それを調べて計算すると、巻末の添付資料2に表すとおりになりました。回収率の平均は、北海道・東北地方五九・〇%、関東地方四二・七%、甲信越地方四九・二%、東海地方六五・二%、近畿地方四九・七%、中国・四国地方三九・三%、九州・沖縄地方六一・七%となりました。回収率に多少のばらつきはありますが、調査結果は、全国のおおよその様子をとらえたものと見做すことにして、以下、調査結果を分析していきます。

今回の調査では、全国の児童養護施設に「無国籍」の子どもがいることはわかりましたが、それぞれの子どもたちの国籍情況について、書類に基づいた専門家による詳細な確認はしていません。また親の国籍等の情報は、以下に示すとおりに推測値を含む大まかな数値でしか把握できませんでした。質問票を見ればわかるとおり、今回の調査のアンケートへの回答から、①その施設に、職員が「無国籍」ではないかと思う子どもがいる／いたかどうか、②過去に何人いた（と思う）か、③現在何人いる（と思う）か、④その施設は何県にあるか、は確かにわかりました。しかし、この質問票では「父母のどちらが、どの国の国籍を持っている人だったのか」「だれに相談したのか」「相談した結果、どの国の国籍を得られたのか／得られなかったのか」といった詳細は、三人以上の「無国籍」の子どもがいる／いた施設からの回答では、正確に知ることができません。たとえば、「無国籍」の子どもが過去に四人、現在四人の合計八人いる／いたという回答の施設がありました。この施設の回答には、外国につながっていたのは両親のどちらかという問いには「母」だけにチェックがついており、親の国籍国を聞く問いには「フィリピン」と「タイ」の二つにチェックがついていました。このような場合、今回の質問票では、過去と現在、それぞれにフィリピン人の母親の子どもが何人いて、タイ人の母親の子どもが何人いたのかは、判別しようがありません。そのため今回、こうしたケースでは、回答をすべて均等に割り振る形で子どもに親の国籍国や取得国籍を割り当てて推定値とし、分析しました。たとえば右にあげたケースでは、八人の「無国籍」の子のうち、二人が過去にいたフィリピン人母親の子、二人が過去にいたタイ人母親の子で、二人が現在いるフィリピン人母親の子、二人が現在いるタイ人母親の子、というように親の国籍と過去・現在の区別を均等に割り振って推定データとしました。全体で七カ所の施設について、こうした均等割りの法則でデータを推定して分析に含めました。このように今回、国籍関連の分析については、推定値を含む、あくまでも傾向を知るためのものにとどまっています。前に書いたとおり、今回の調査では、日本の児童養護施設に「無国籍」の子どもたちがいるのを把握することを目的としています。回収率を高めるために切り捨てざるを得なかった事柄は、今後の課題として多く残されることになりました。

(3) 全国にいる「無国籍」の子どもたち

まず、「無国籍」の子どもがいる／いたと思うと答えた施設の数を、都道府県別に見ていくと、図2のとおりになります。「無国籍」の子どもがいる／いたと思うと答えた施設がもっとも多い

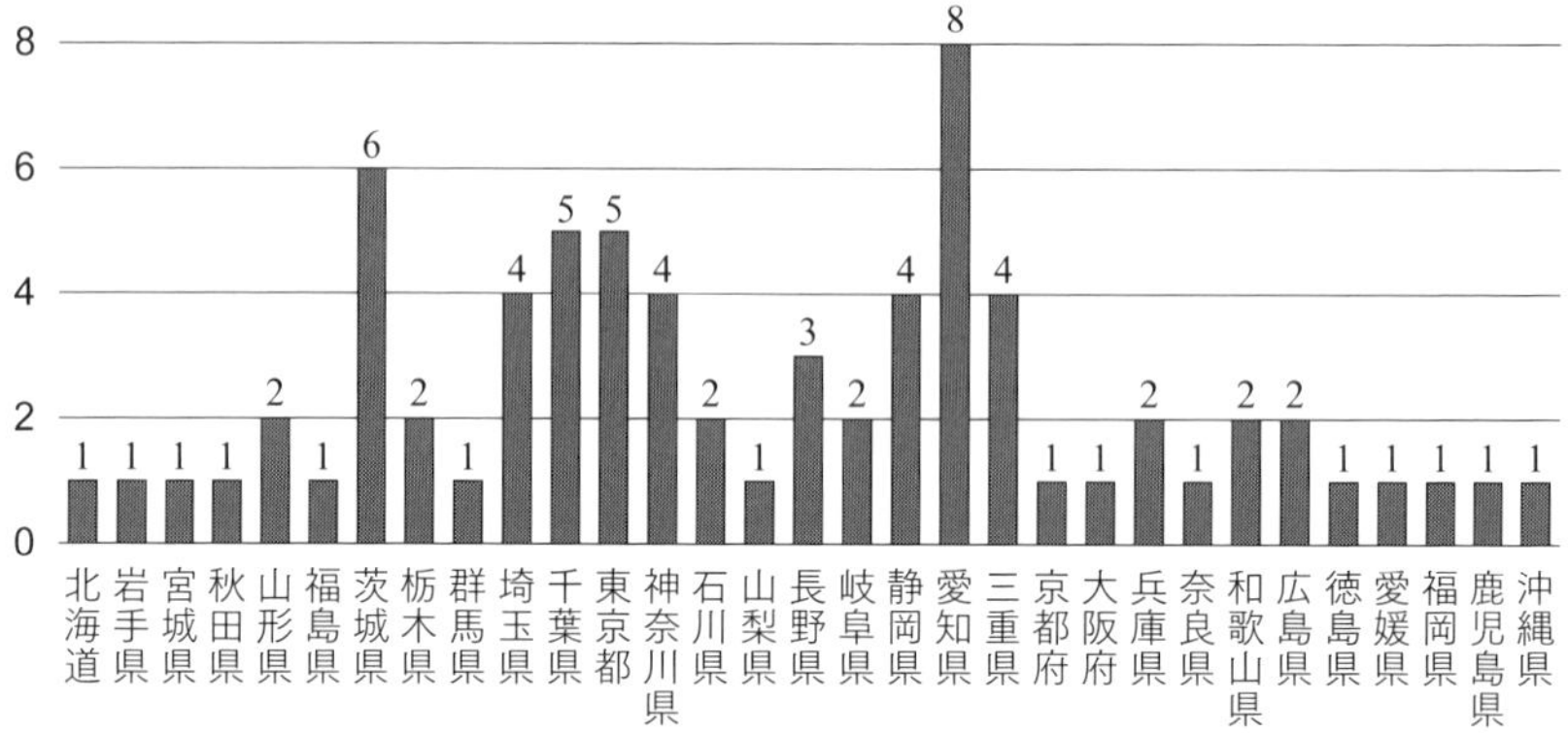

図２　都道府県別「無国籍の子どもが措置されたことがあると思う」と回答した施設数

出典：調査結果より筆者作成

＊「無国籍の子どもが措置されたことがあると思う」と回答した施設がある都道府県のみ記載

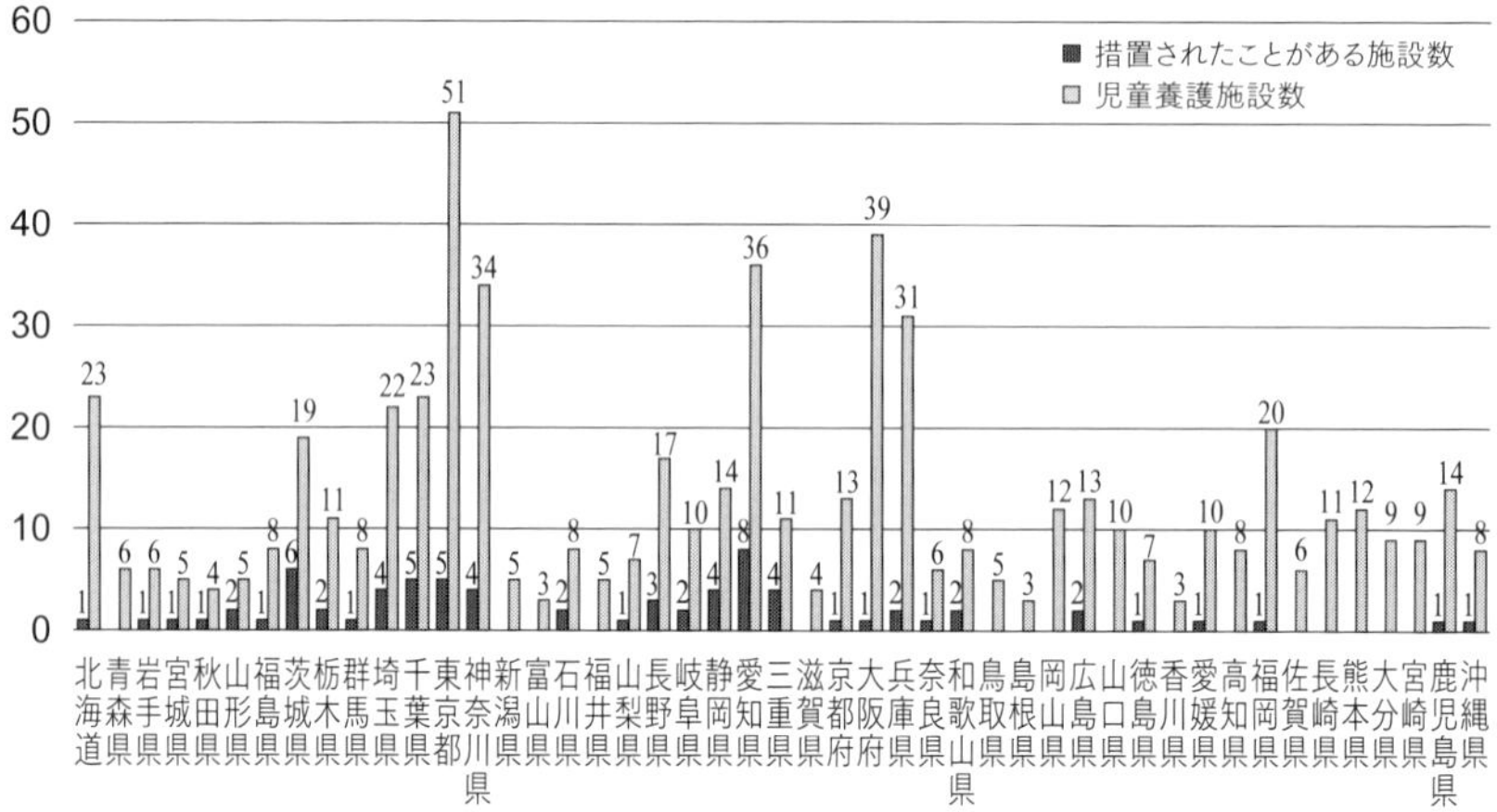

図３　都道府県別「無国籍の子どもが措置されたことがあると思う」と回答した施設数と児童養護施設数の比較

出典：調査結果より筆者作成

のは愛知県、茨城県、東京都と千葉県の順で、おおまかに言って、関東地方と東海地方に多い結果となりました。これを、そもそも各県にある施設の数と重ねてみると、図3のようになります。図3からは、三重県・茨城県・静岡県のように、県内にある施設の数に対する「無国籍」の子どもがいる／いた施設の割合が高い県があることがわかります。つまり、「無国籍」の子どもは全国の児童養護施設にいるけれども、措置経験のある施設の割合は、地域ごとに開きがあるようです。今回の調査では、施設に「無国籍」の子どもが措置される可能性が高い地域がいくつかあるという結果になり、三重県・茨城県・静岡県などがそうした地域と言えました。

（4）「無国籍」の子どもが多い地域

調査結果に表れた、施設にいる／いた「無国籍」と思われる子どもの数と「無国籍の子どもがいる／いたと思う」という施設の数を重ねたのが、図4です。この図からは、茨城県・愛知県・静岡県といった県では、「無国籍」の子どもがいる／いたと思うと答えた施設の数に対して、施設にいた「無国籍」の子どもの数が多いことがわかります。実際に回収した質問票を確認すると、こうした県には、六人・八人の「無国籍」と思われる子どもが措置された経験のある施設もありました。こうした都道府県では、一施設あたりに措置される「無国籍」の子どもの人数が多いケースが起こりやすいと推測されます。こうした地域にある施設では、「無国籍」の子どもの問題を解決しようとしたときの負担がとても大きいことがわかります。言い換えれば、子どもの「無国籍」問題への取り組みは、こうしたとくに「無国籍」の子どもが措置される割合の高い県

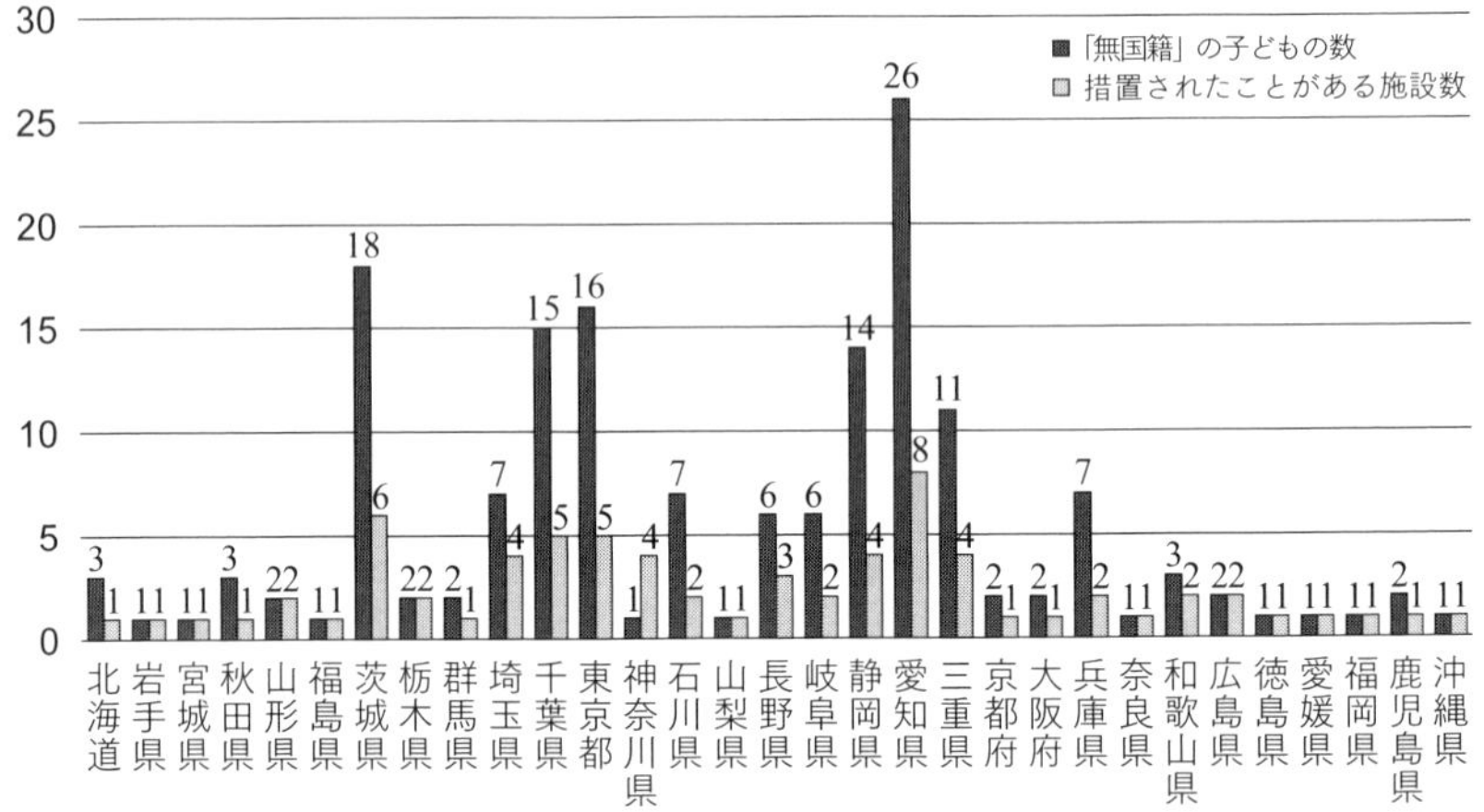

図４　都道府県別 外国につながる「無国籍」の子どもが措置されたことがある施設数と「無国籍」の子どもの数の比較
出典：調査結果より筆者作成

（茨城・静岡・愛知など）から、まず実施されるべきだと言えるかもしれません。

調査結果に表れた都道府県ごとの「無国籍」と思われる子どもの数は、在留外国人統計からわかる都道府県ごとの在留外国人の人数と、必ずしも比例しません。今回の調査の結果に表れた「無国籍」の子どもたちは、図5に示すとおり、多くが過去に措置されたことがあるという子どもたちでした。そこで追跡調査では、こうした過去に措置された子どもについて、いつ頃措置されたのかを確認しました。するとほとんどの場合こうした子どもたちは、二〇〇六年から二〇〇八年に「非正規滞在者だった親が入管に摘発され、強制送還までのあいだ児童養護施設に措置された」子どもたちだったことがわかりました。つまり、今回の調査で存在がわかった児童養護施設に措置されたことのある「無国籍」の

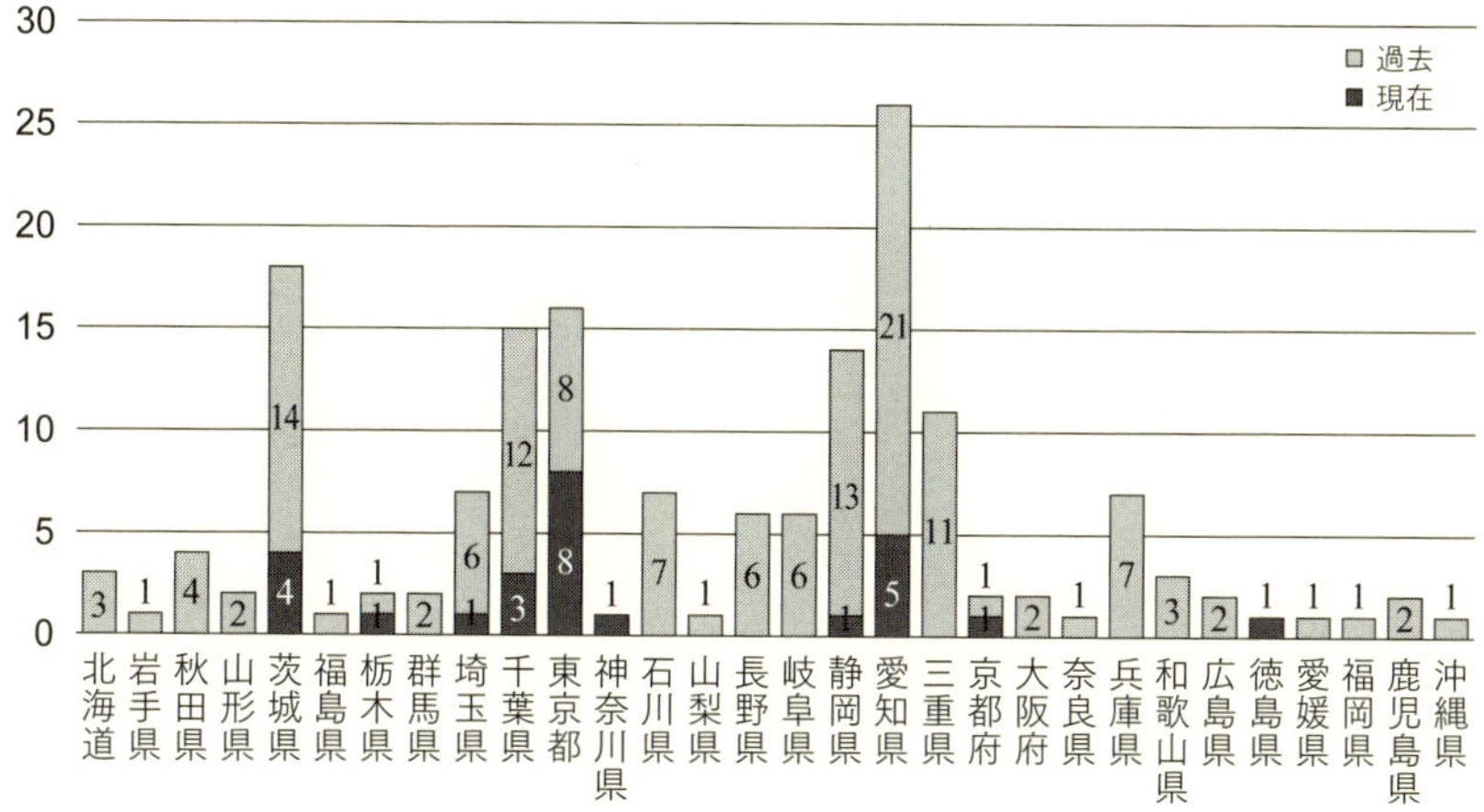

図５　都道府県別 児童養護施設に措置されたことがある外国につながる「無国籍」の子どもの数
出典：調査結果より筆者作成

子どもは、多くが二〇〇六年から二〇〇八年に措置された子どもだと想定されます。そこでまずは二〇〇六年当時の都道府県ごとの在留外国人の数と、調査を実施した二〇一七年度の都道府県ごとの在留外国人の数を比較してみます（図６）。すると、二〇〇六年から二〇一七年までの間に、都道府県ごとの在留外国人数の多い－少ないには、あまり変化がないようです。そこで、調査結果と比較する公式データとしては、調査を実施した二〇一七年度のデータを使用することにします。さて、都道府県ごとの在留外国人の数と施設に措置された「無国籍」と思われる子どもの数を比較したのが、図７です。これを見ると、都道府県ごとの在留外国人の数と、施設に措置された「無国籍」と思われる子どもの数は、決して比例しているわけではありません。東京都では、施設に措置された「無国籍」と思

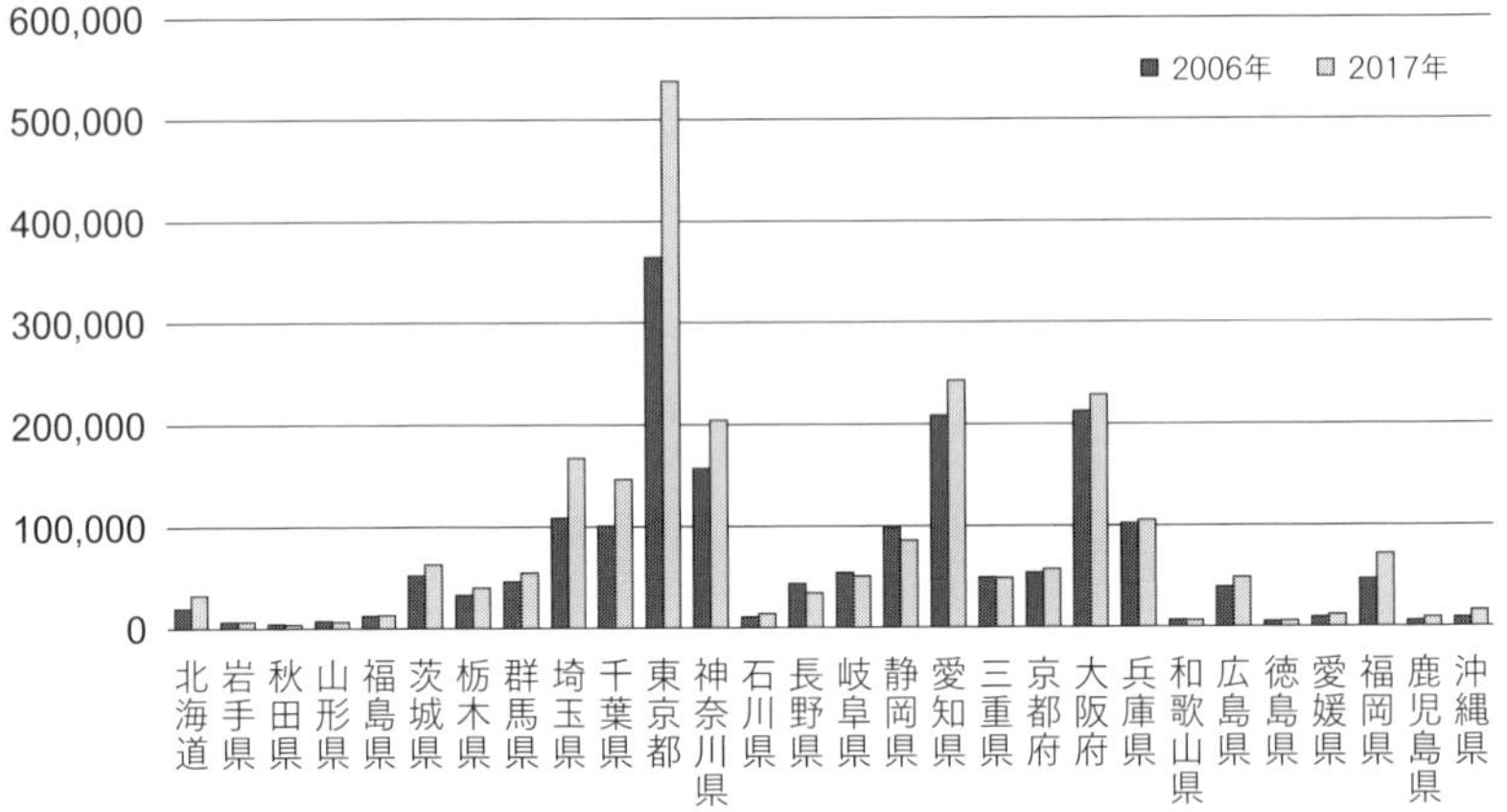

図6　都道府県別の在留外国人数の比較（2006, 2017）
出典：法務省（2006）、法務省（2018b）
＊「無国籍の子どもがいる（いた）」という回答のあった施設所在地の都道府県のみ記載

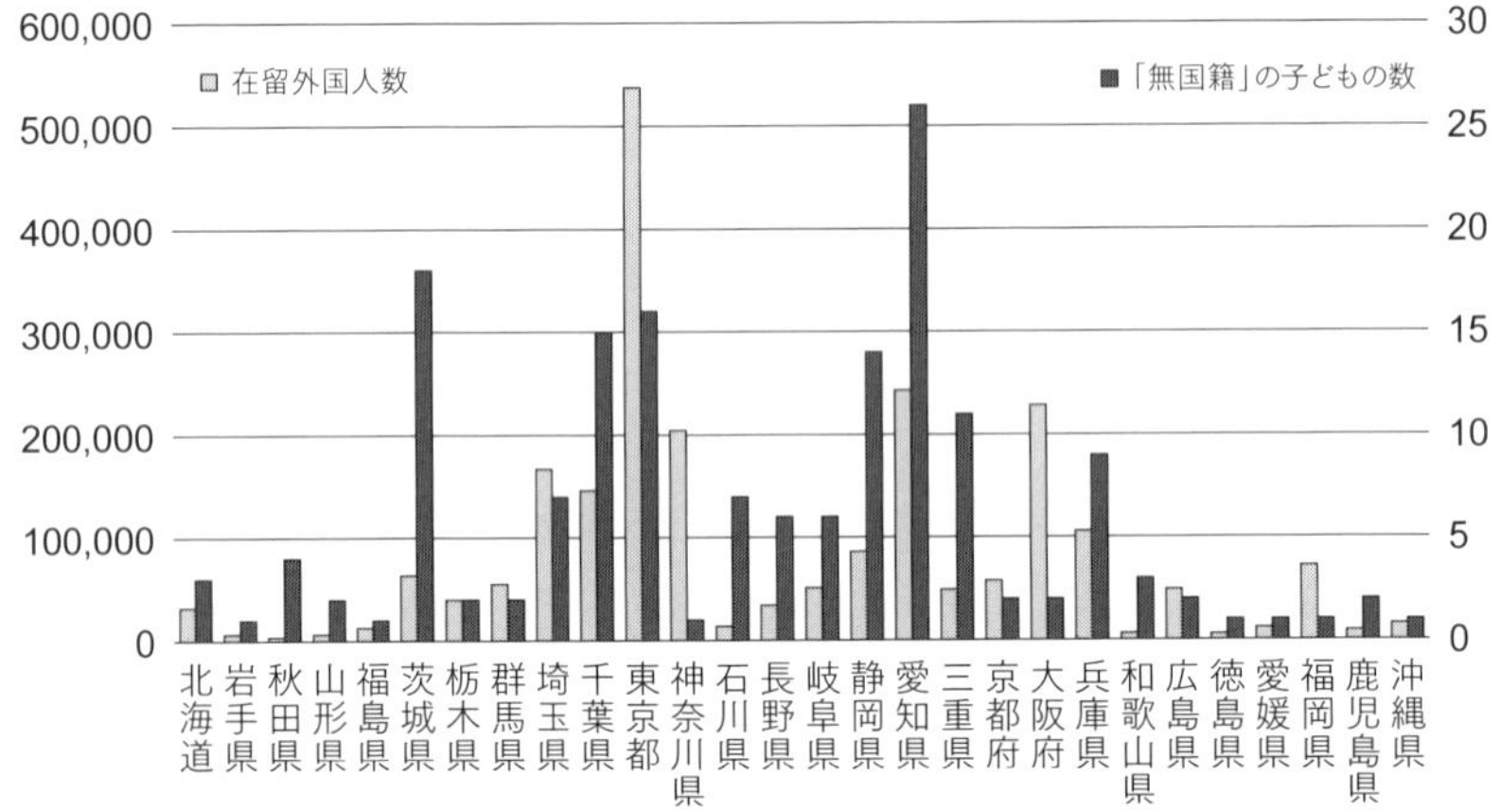

図7　都道府県別 在留外国人数（2017）と施設に措置されたことのある「無国籍」の子どもの数の比較
出典：調査結果および法務省（2018b）より筆者作成
＊「無国籍の子どもがいる（いた）」という回答のあった施設所在地の都道府県のみ記載

われる子どもの数が他の県に比べて多いのですが、在留外国人の数そのものも他の県に比べて多くなっています。両者を比較すると「都内に暮らす外国人の数に比べれば、無国籍の子どもの割合はそれほど高くない」ということになります。大阪府などでは在留外国人の数に比べて、施設に措置された「無国籍」と思われる子どもの数の割合はずっと低くなっています。ところが、これに比べて愛知県を中心とした東海地方や茨城県では、在留外国人の数に比べて、施設に措置された「無国籍」と思われる子どもの割合が高いのがわかります。つまり、都道府県ごとの「無国籍」の子どもの発生率は、単純に在留外国人の数と比例するわけではないようです。それでは、どのようなときに「無国籍」の子どもの発生率が高くなるのでしょうか――以下では、その点について考えていきましょう。

（5）「無国籍」の子どもと親の国籍

まず、親の国籍国によって、施設に措置された「無国籍」の子どもの数が変わるかどうかを比べてみます。図8は、施設に措置された「無国籍」の子どもの数と、在留外国人統計からわかる国籍ごとの在留外国人数を、重ね合わせたものです。これを見ると、中国・韓国やベトナムでは、在留外国人数に対して施設に措置された「無国籍」の子どもの数が少なく、フィリピンやタイでは、在留外国人数に対して、施設に措置された「無国籍」の子どもの数が多いということがわかります。ただし在留外国人統計は、合法的な滞在資格を持って日本で暮らす外国籍の人の人数をまとめた統計です。しかし、非正規滞在をしながら働く親の子どもたちに「無国籍」になるリス

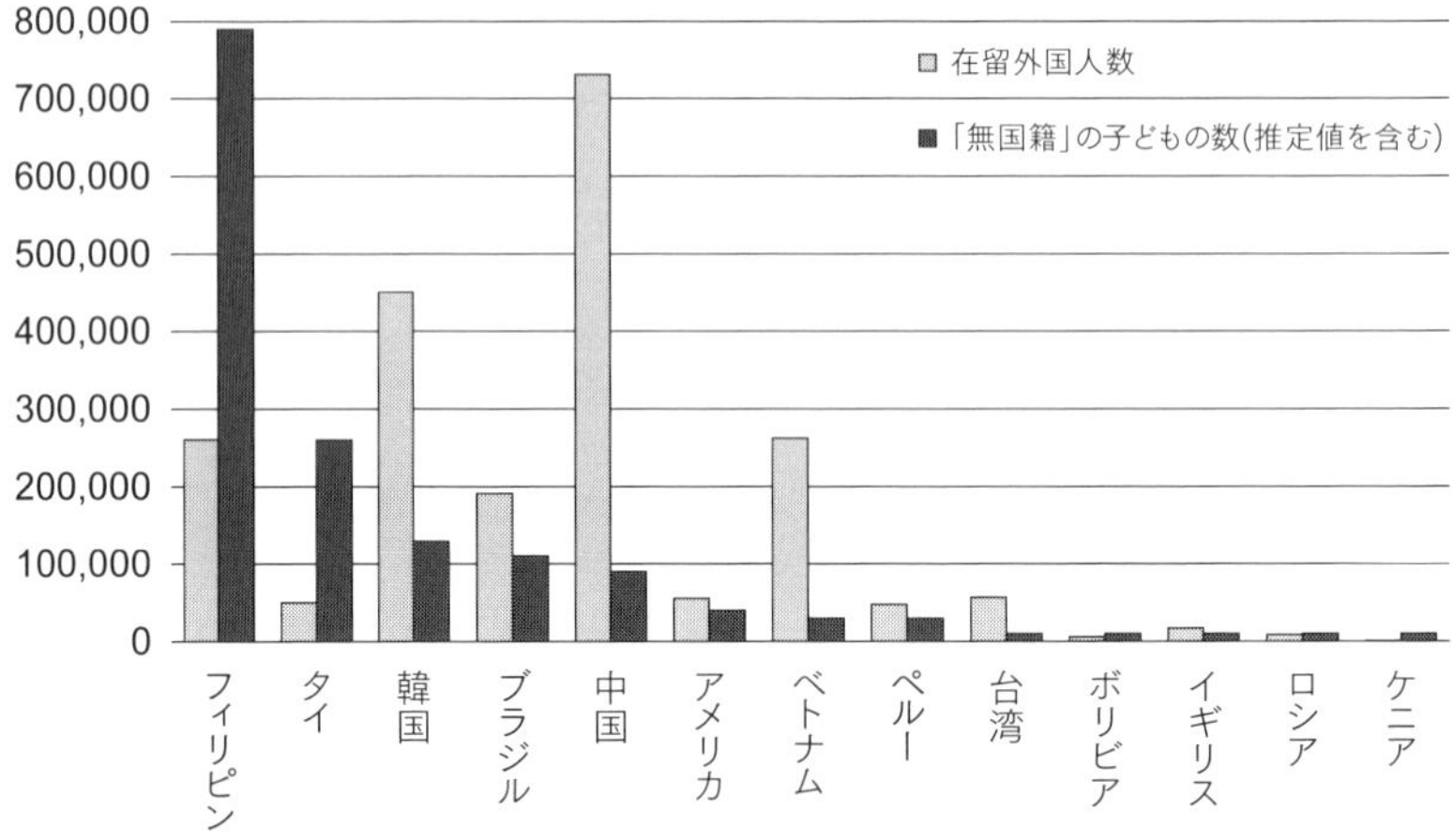

図８　関連国籍別 在留外国人数（2017）と施設に措置されたことのある「無国籍」の子どもの数（推定値を含む）
出典：調査結果および法務省（2018a）より筆者作成
＊「親の国籍不明」（13 人）分を除く、153 人分のみ分析対象とした。

クが高いことが、これまでの研究で指摘されています（Bhabha 2011: 6）。そこで今度は、非正規滞在者の数と、施設に措置された「無国籍」の子どもの数を比較してみたのが、図９です。図９でも、基本的には正規滞在者の数と同じように、その国からきた非正規滞在者の数が多いからといって、施設に措置された「無国籍」の子どもの数が多くなるわけではなさそうです。「無国籍」の子どもの親として一番多いフィリピン国籍の人たちは、非正規滞在者がもっとも多いわけではありません。何が親の出身国ごとの、施設に措置される「無国籍」の子どもの発生率の違いを生むのかについては、今後のさらなる調査が必要でしょう。

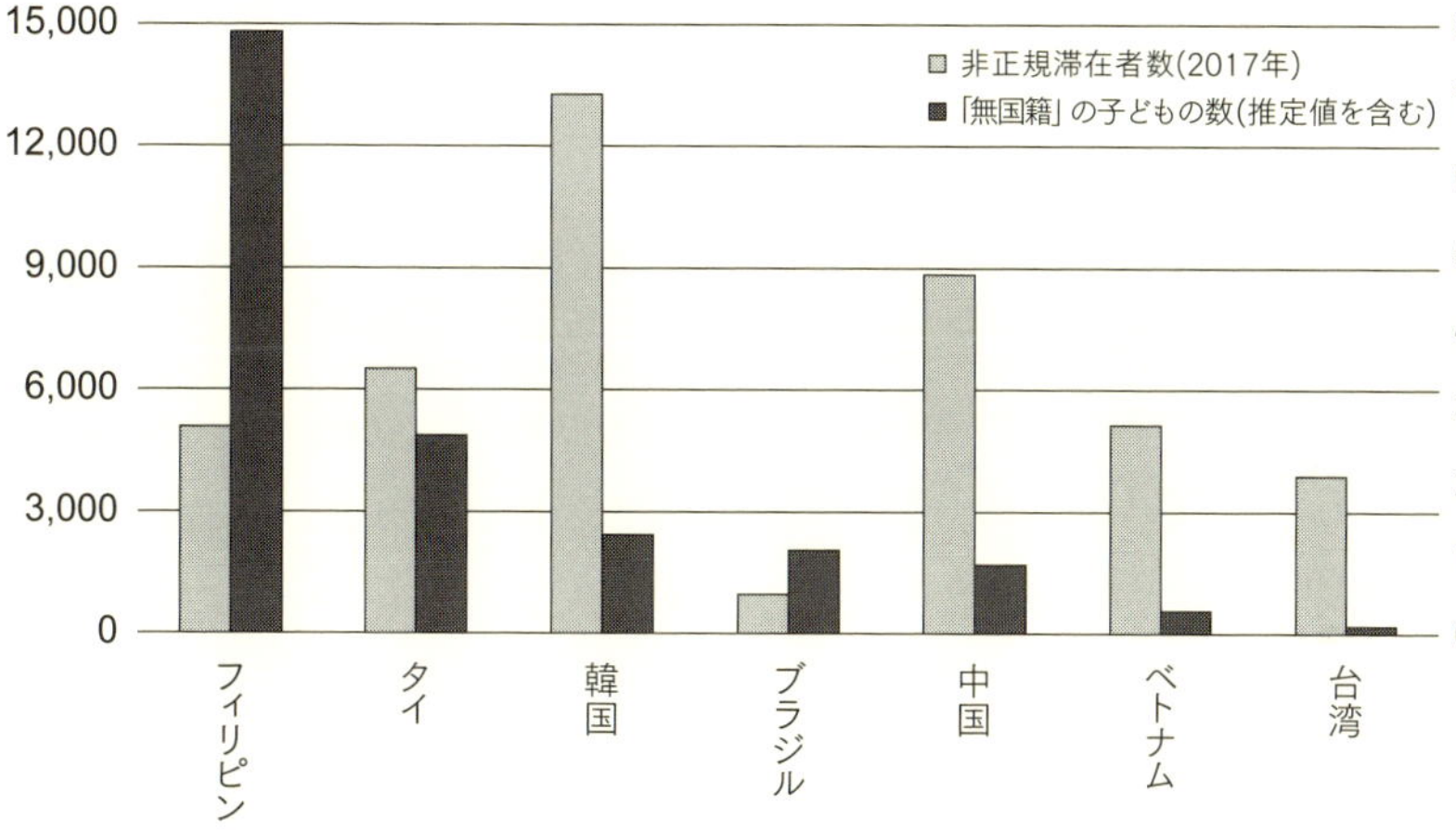

図9　関連国籍別 非正規滞在者数（2017）と施設に措置されたことのある「無国籍」の子どもの数の比較（推定値を含む）

出典：調査結果および法務省（2018c）より筆者作成

＊法務省資料より2017年度の非正規滞在者数が判明する関連国のみ記載

注

＊4　http://www.zenyokyo.gr.jp/list/list.htm（最終アクセス日：二〇一七年六月一四日）

第3章 「通り過ぎる」子どもたち
——強制送還される親の子どもたち——

(1) 両親ともに「外国人」の子どもたち

今回の調査の結果存在がわかった「無国籍」の子どもたち一六六人のうち一六人は父親が外国人、二八人は両親が外国人でした。つまり、約一〇人に一人は父親が外国籍、五人に一人近くは両親がともに外国籍だということになります。この点については、二〇〇九年時点の奥田らによる児童相談所への調査でも、分析の対象となった一五一名分の子どものうち「父母が双方とも外国人である」という回答が五二名分、「母が外国人であり、父が不明である」という回答が三二名分あったと報告されています(奥田 二〇一七:一九二)。こうした数字から、日本の「無国籍」の問題は「貧しい国から来て日本で働く外国人の問題」というより、男女を問わず、多くの外国から来た人が働き、子を産み、家庭を持つ土地に、日本がなっているということ——そうやって日本の産業が維持されているなかで生まれた、少子高齢社会・日本そのものの問題の一つになりつつあると言えるのではないでしょうか。

今回の調査では、全国にある児童養護施設の半分から回答を得て、そのうち約四分の一の施設

表3　有効回答のうち、「無国籍の子どもがいたことがあると思う」と回答した施設数

	施設数（カ所）	回答施設全体に占める割合（%）
措置経験あり	72	24
措置経験なし	228	76
計	300	100

出典：調査結果より筆者作成

表4　有効回答から存在がわかる、国内の児童養護施設にいる（いた）「無国籍」と思われる子どもの数

	人数（人）	「無国籍」の子ども全体に占める割合（%）
過去に措置されていた子ども	140	84.3
現在措置中の子ども	26	15.7
計	166	100

出典：調査結果より筆者作成

から、外国につながる「無国籍」の子どもが措置されたことがあると思うと回答しました。詳細は、表3、表4に示すとおりです。まず施設の数で見ると、有効回答を得た施設三〇〇カ所のうち七二カ所、二四%の施設が「無国籍の子どもがいる／いたことがあると思う」と回答しています。つまり、回答のあった施設のうち約四分の一の施設に、「無国籍」の子どもがいる（いた）ということになります。これを子どもの数で見ると、一六六人となります。内訳は、いま施設で暮らす子どもが二六人、過去に暮らしていたことのある子どもが一四〇人で、過去にいたほうが多いという結果になります。調査に回答のあった施設のうち、追跡調査が可能だった施設でこの点を確認す

ると、どの施設でも「平成一八年から二〇年のあいだに、非正規滞在の親が強制送還されることになった際、入管施設には子ども用の施設がないということで、強制送還まで一時的に預かった」子どもが多かったことがわかりました。措置された時点で「無国籍」のためパスポートが取れておらず、親の母国の大使館を通じて親の母国の国籍を取り、パスポートを持って、生まれてから一度も行ったことのない「母国」へ帰国した子どもがいた――というのが、いくつかの施設で聞いた、過去にその施設にいたことのある「無国籍」の子どもの例でした。つまり、一斉に非正規滞在者の摘発があった時期に、親の摘発とともに「無国籍」の子どもの存在が明らかになったとも見ることができるでしょう。そうであれば、摘発が行われていない時期にも、非正規滞在の親のもとで暮らす「無国籍」の子どもたちがいるはずです。現在、児童養護施設で暮らす無国籍の子どもの数が少ないことは、問題が解決に向かっていることを表しているわけではなさそうです。むしろ、明るみに出ないまま、日本で暮らしている「無国籍」の子どもたちは、依然として存在すると考えるべきではないでしょうか。

調査の結果見えてきた「無国籍」の子どもたちを、本書では、二つに分けて考えることにします。一つめは、親が強制送還されるとき、一時的に児童養護施設を「通り過ぎる」子どもたちです。二つめは、外国から来た親のもとに日本で生まれ、どこかの国の国籍を取得する前に、親が死亡したり、失踪したり、別の国へ移動したあと連絡がつかなくなった、「取り残された」子どもたちです。

(2) 強制送還される子どもたちと国籍

調査への回答のなかで、児童養護施設が「措置されている(された)ことがある」と答えた「無国籍」の子どもは、八割以上(一六六人中一四〇人)が「過去にいた」子どもたちでした。追跡調査からは、そのうちの多くが二〇〇六年から二〇〇八年までのあいだに、強制送還される親が入管施設に収容されているあいだ、児童養護施設に措置された子どもたちだったことがわかってきました。また「現在いる」子どもたちの中にも、親が強制送還されるまでの一時的措置として、児童養護施設にいる子どもたちが含まれています。日本で暮らす外国籍の人たちは、入国管理局からの問い合わせに対して、在留資格があることを示せなければ、非正規滞在となり強制送還の対象となります。彼らは東京や大阪など全国八カ所にある入国管理局に転送され、旅費やパスポートがすぐに準備できなければ、強制送還まで全国二カ所(ただし、二〇一五年九月までは三カ所存在した)にある「入国管理センター」に「措置」されます。そして準備ができ次第、強制送還となるのです。

追跡調査をした施設では、二〇〇六年から二〇〇八年のころには、親が入国管理局や入国管理センターにいるあいだ、そうした施設には子どもの受入れ設備がないので、子どもたちは児童養護施設に措置されることがあったという話を聞きました。こうした子どもたちが措置された児童養護施設の職員の方々は、子どもは大抵の場合、親が入国管理局に摘発されるまで、自分の両親や自分自身が非正規滞在者であるということを知らなかっただろうと言います。もし子どもがそれを知っていたとしても、その意味がわからない場合も多いでしょう。子どもにしてみれば、生まれ育った国から、よく知らぬ「母国」へ強制送還されたというケースもあったようです。

こうした施設を「通り過ぎる」子どもたちは、施設に措置された時点では出生登録をしていない「事実上の無国籍者」であることがほとんどです。しかし一方で、こうした子どもたちが強制送還される親に伴われて帰国するということは、親子関係を証明できる親がいて、その親の国籍がどこかの国で確認されたということを意味します。子どもたちが児童養護施設で過ごすあいだに、親の母国で子どもたちの国籍取得の手続きをし、その国が子どもたちの国籍を認めたからこそ、日本から「母国へ帰って」いくのです。しかしこうした「通り過ぎる」子どもたちも、親の強制送還といった〝きっかけ〟がなければ、事実上の無国籍のまま、日本で成長した可能性があります。この「通り過ぎる」子どもたちの存在は、施設の外に、非正規滞在の親などと一緒に暮らす、事実上の無国籍の子どもたちが存在していることを、私たちに示唆しています。

もっとも、帰国できたから一件落着というわけではありません。親と共に強制送還される子どもたちの中には、日本の学校へ通い、日本語を主な言語として習得している子どもたちが大勢います。幼児期の子どもであれば、数カ月のあいだ児童養護施設で過ごすうちに、日本語をすっかり習得することも珍しくないと言います。逆に学齢期の子どもであれば、年齢が上がるほど、「帰国」後その国での教育課程をやりなおすことが難しくなるでしょう。しかも、（たとえば「一人っ子政策」を採っていた時期の中国に「強制送還」された、第二子以降の子どもや婚外子のように）「強制送還」されたあと、当たり前に、その国の国民としての権利を享受できるとは限らない場合もあります。いま日本は、少子化のために不足した労働力を外国人に頼って補わなければ成り立たない社会になっています。そうした中で、日本で生まれ、日本語を母語として成長した子どもたちを、親の都合で強制送還し、帰国したあとのことは関係ないと切り捨てることが望ましい社会なのか、改めて考える必要があるのではないでしょうか。

第4章 「取り残された」子どもたち
――死亡・帰国・再移動した親の子どもたち――

（1）親の死亡・帰国・再移動で「取り残された」子どもたち

外国から来た日本で暮らす親が、死亡したり、帰国したり、日本内外の別のところへ移っていったために児童養護施設に措置された子どもや、児童養護施設に措置されているあいだに、親の死亡・帰国・再移動が起きる子どももいます。本書で「取り残された」子どもたちと呼ぶこうした子どもたちの多くは、事実上の無国籍者ですが、施設を「通り過ぎる」子どもたちに比べて、親の本国の国籍を回復する可能性が低いことがほとんどです。「通り過ぎる」子どもたちの場合、たいてい、親は日本で非正規滞在者であっても、どこかの国に国籍を持ち、その親と子どもとの親子関係が証明できます。換言すれば、証明できたからこそ、親と一緒に帰国したのです。

ところが、追跡調査でわかったことは、「取り残された」子どもたちの場合、子どもを育てていた外国から来た親――とくに母親――が、自分の国籍国で子どもの出生登録をせずに死亡した場合、母親のパスポートとその母親から生まれた出生証明書の両方がどこかに残っていたような場合を除いて、その子どもが親の死後に親の母国で国籍を回復することは非常に困難であるということです。実際のところ、母親が死亡したとき、パスポートと、そのパスポートの名前と同じ女性から生まれたことを証明できる出生証明書の両方が手に入ることは、そう多くありません。またパスポートか、出生証明書か、どちらかの書類の名前が偽名であることもあるでしょう。親が死亡した場合でなくとも、国籍国で出生登録していない子どもを児童養護施設に置いて親が帰国・再移動したあと、親との連絡が取れなくなってしまえば、親の「母国」での国籍を回復することは、非常に難しくなっていきます。親本人とすら連絡が取れなくなる状況下では、外国にいるはずの親族に連絡を取って、事情を解説して身分証明書を再発行して送ってもらうようなことは非常に難しく、ほぼ不可能であることがしばしばです。

(2)「取り残された」子どもたちの国籍取得への手続き状況

図10は、児童養護施設が、把握していた「無国籍」の子どもの国籍取得に関して手続きを試みたことがあるかどうかを子どもの数でグラフにしたものです。国籍取得のために動いたのは、約半数でした。つづく図11は、職員等が国籍取得の手続きに動いた九一人の「無国籍」の子どものうち、どのくらいの子どもが国籍取得できたかを示したものです。回答によれば、九一人中四二人はいずれかの国の国籍を取得でき、三九人はいずれの国籍も取得できなかったことを示していま す。また、四人は現在手続き中であり（手続きの「進行中」「継続中」「保留中」という回答）、六人は不明（「不明」「わからない」および無記入）という結果となりました。追跡調査で、無記入、「不明」と記入したケースについてそう記入した職員に確認したところ、それらのケースは、担

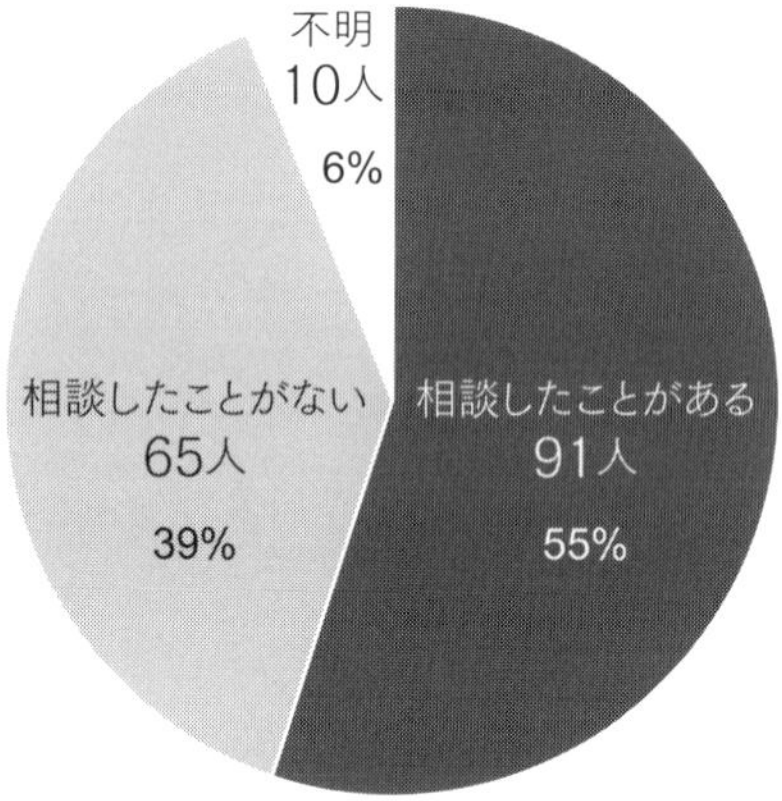

図 10　国籍取得について外部の専門家に相談したことがあるかどうか別 施設に措置されたことのある「無国籍」の子どもの数の比較
出典：調査結果より筆者作成

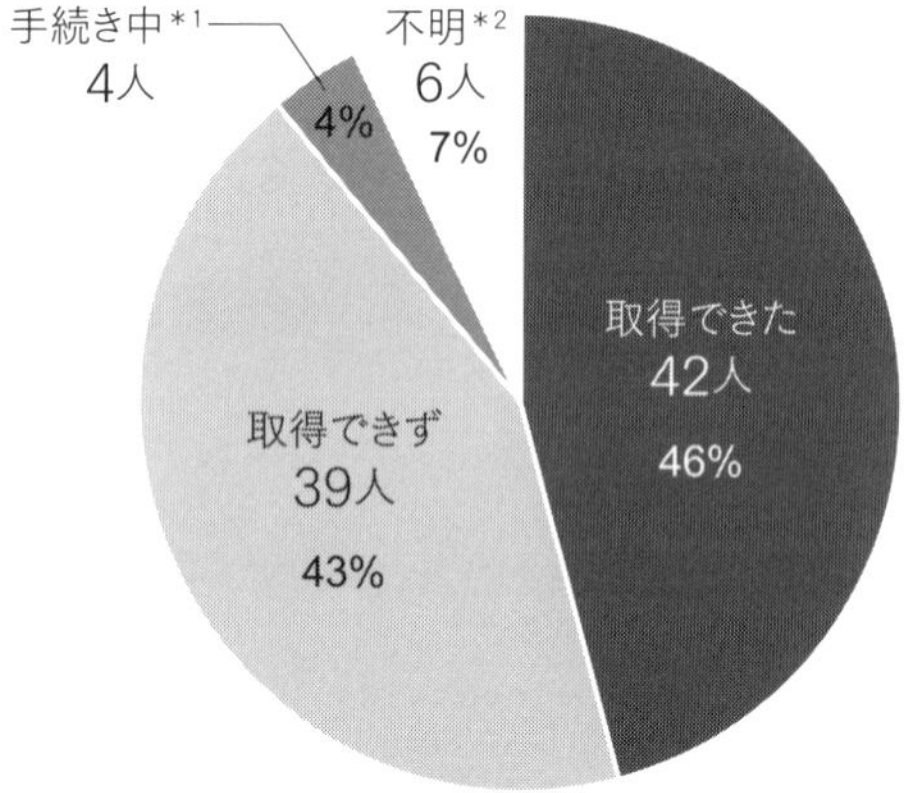

図 11　国籍取得について外部の専門家に相談したことがある施設にいる／いた「無国籍」の子どもの国籍取得状況
出典：調査結果より筆者作成
*1「手続き中」には、手続きが「進行中」「継続中」「保留中」とする回答を含む。
*2「不明」には、「わからない」「不明」とする回答および無回答を含む。

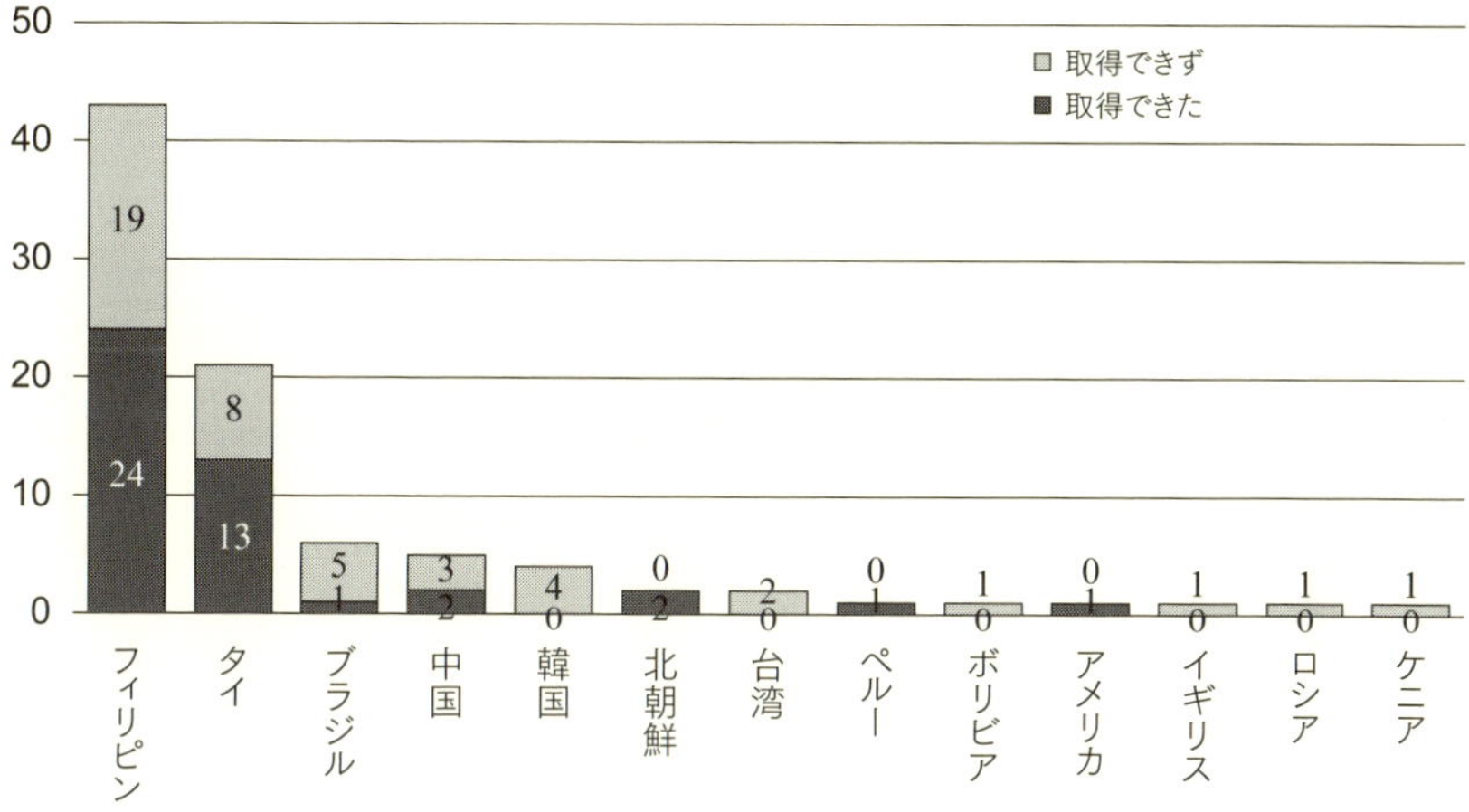

図 12　関連国籍別 国籍取得状況別 施設に措置されたことのある「無国籍」の子どもの数の比較（推定値を含む）
出典：調査結果より筆者作成
＊関連国（親の推定国籍国）と、取得できた／できないがともに判明する 89 件のみを記載

当者や方針が変わって、国籍がうやむやのまま子どもが一八歳になったり、自活したりして施設を離れていった場合でした。

（3）「取り残された」子どもたちの国籍取得状況

図12は、施設が国籍取得を試みた子どもについて、親がどの国籍を持っていたかに分けて、国籍を取得できたか、できなかったかをグラフにしたものです。このグラフからわかるとおり、子どもの親がどの国籍を持っていたかは、子どもが国籍を取得できるかどうかにあまり関係ないようです。また、つづく図13に示されているとおり、子どもが取得する国籍は、日本国籍であることがもっとも多いという結果になりました。第6章で詳し

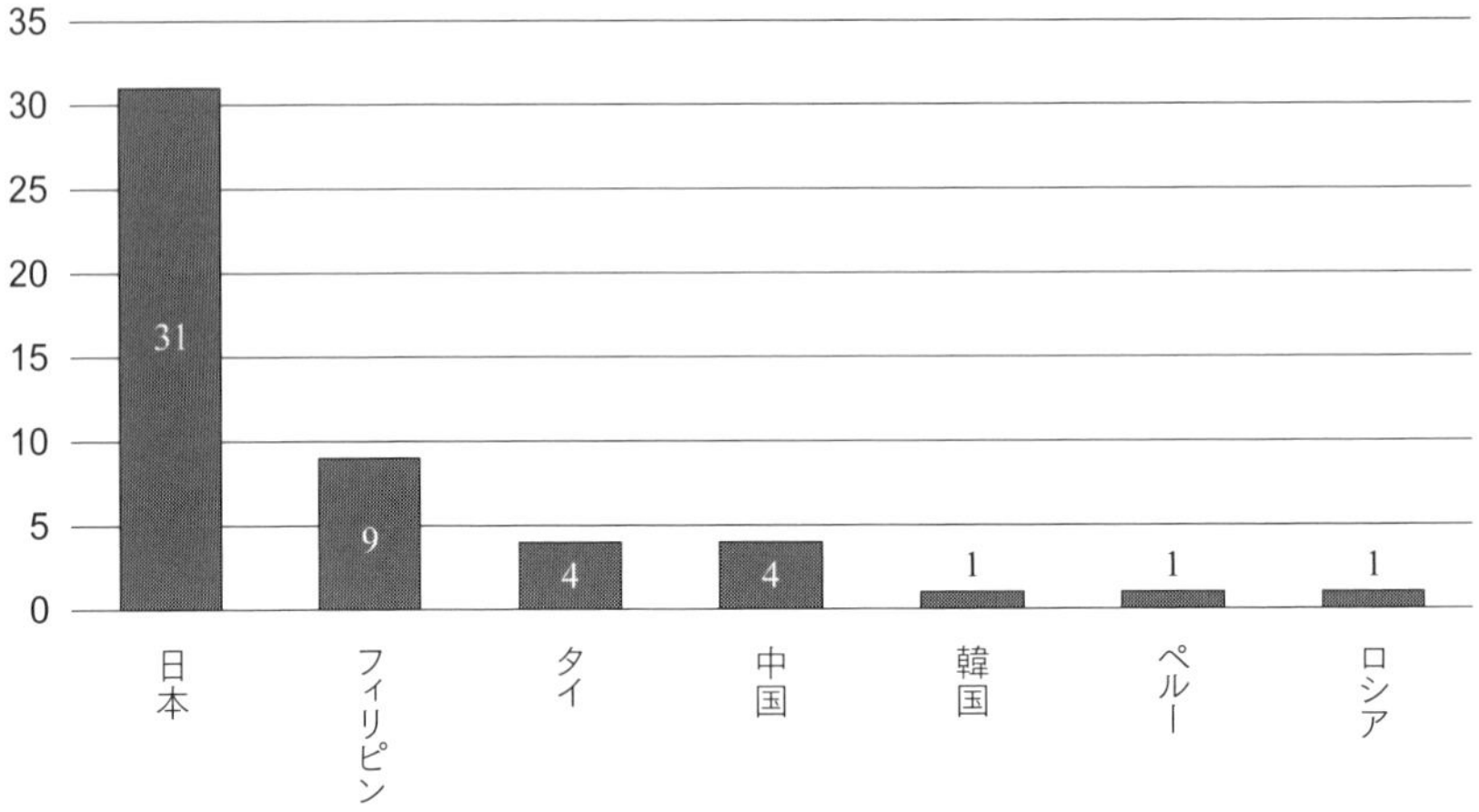

図 13　取得国籍別 施設に措置されたことのある「無国籍」の子どもの数の比較（推定値を含む）
出典：調査結果より筆者作成
＊取得国籍が回答から判明した 51 件のみを記載

く解説されるとおり、日本で生まれた子どもは、たとえ日本の血を引いていることが証明できなくても、「父母ともに知れない」ことが証明できれば、日本国籍を得ることができる可能性があるのです。しかし今回の追跡調査で詳しいことがわかったケースでは、周囲の大人たちが、「この子は両親ともに日本人ではないから」日本国籍は取得できないだろうと諦めているケースが二〇件中八件ありました。

第5章　子どもの「無国籍」をめぐる問題の焦点

（1）相談先機関ごとの国籍取得率の違い

「無国籍」の子の国籍については、「将来、日本で自活の道を確保して、日本語能力などをしっかり身に着けていることを証明できたあと、日本に帰化すればいいはずだ」という人もいるかもしれません。

しかし、議論をはじめる前に、まず皆さんに見てほしい数値があります。図14は、施設に措置されている「無国籍」の子どもの国籍取得を試みた場合にだれに相談したか、図15は、相談先ごとの国籍を取得できたかどうかの結果を表したグラフです。また、図16は都道府県ごとの国籍を取得できたかどうかの件数、図17は、都道府県ごとの国籍取得率の違いを表したものです。まず図14からは、児童養護施設にいる「無国籍」の子どもに直接かかわる職員たちは、「無国籍」の問題について「どこに相談すればよいのか」という共通の知識を持っていないことが予想されます。調査回答に表れた「相談先」の件数は、国籍を最終的に取得できたケースで平均六件、それ以外のケースで平均三件でした。また追跡調査からも、職員たちが、子どもの国籍取得について手探りでいくつもの機関に相談していることがわかりました。筆者が追跡調査で出会ったケース

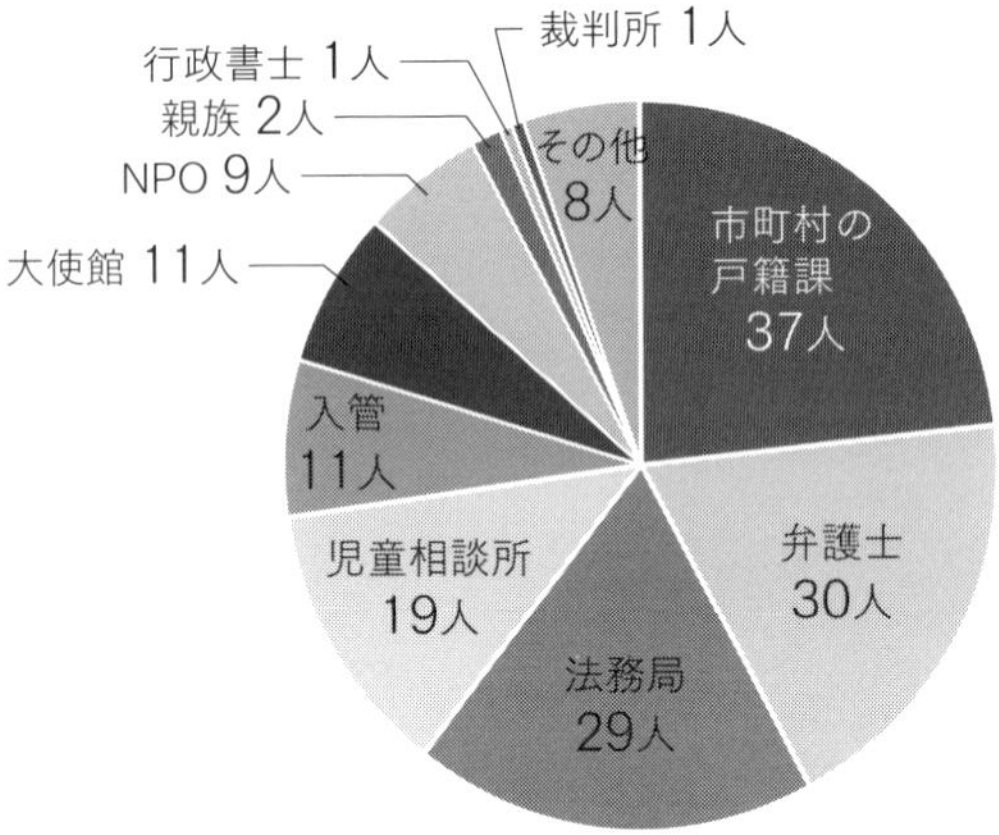

図 14　相談先機関別 施設に措置されたことのある「無国籍」の子どもの数の比較
出典：調査結果より筆者作成
＊延べ人数

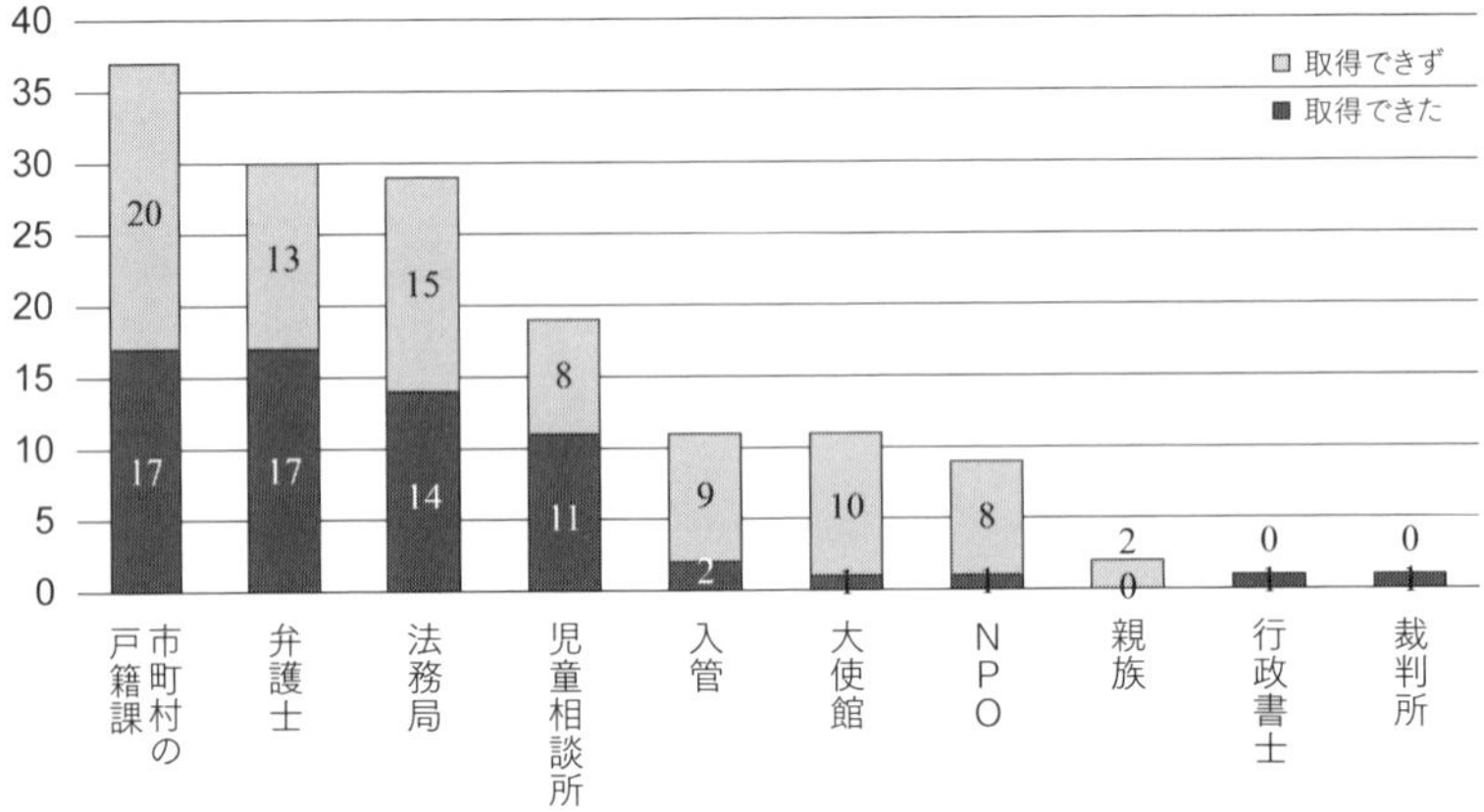

図 15　相談先機関別 国籍取得状況別 施設に措置されたことのある「無国籍」の子どもの数の比較
出典：調査結果より筆者作成
＊延べ人数

には、施設職員が、以前、「無国籍」の子どものために精力的に動いて国籍取得に漕ぎつけてくれた児童福祉司に、「また無国籍の子どもが入ってきました」と連絡を取ったところ、「もうあのような大変なことは二度とできない」と言われたというほど、児童福祉司が疲弊していたというケースもありました。現在の状況では、「無国籍」の子どもの国籍取得のために動くことが、施設の職員や児童福祉司にとって非常に大きな負担となっていることが予想されます。まずは、どの機関にどのような書類をそろえて何を相談すればよいのかという情報を共有できるようにすることが、大切なのではないでしょうか。

(2) 都道府県ごとの国籍取得率の違い

図16では都道府県ごとの、「無国籍」の子どもの国籍取得を試みて国籍を取得できたかどうかの結果を件数で表しています。これを、都道府県ごとの国籍取得を試みた件数を一〇〇として、取得できた割合と取得できなかった割合で分けたグラフが、図17です。これらを見ると、たとえば隣り合う千葉県と茨城県でも取得できた割合がかなり違うことがわかります。今回の調査の回答に上がってきた子どもたちについて言えば、千葉県では、「無国籍」と思われる子どもについてどこかの機関に相談した結果、約八割の子どもが国籍を取得できていますが、隣の茨城県では逆に、どこかの機関に相談しても、逆に八割以上の子どもが国籍を取得できていません。同じように、これも隣り合う静岡県と愛知県とでも、取得状況はかなり違います。静岡県では二人に一人が国籍を取得できているのに、愛知県では取得できるのは四人に一人です。このような違いは

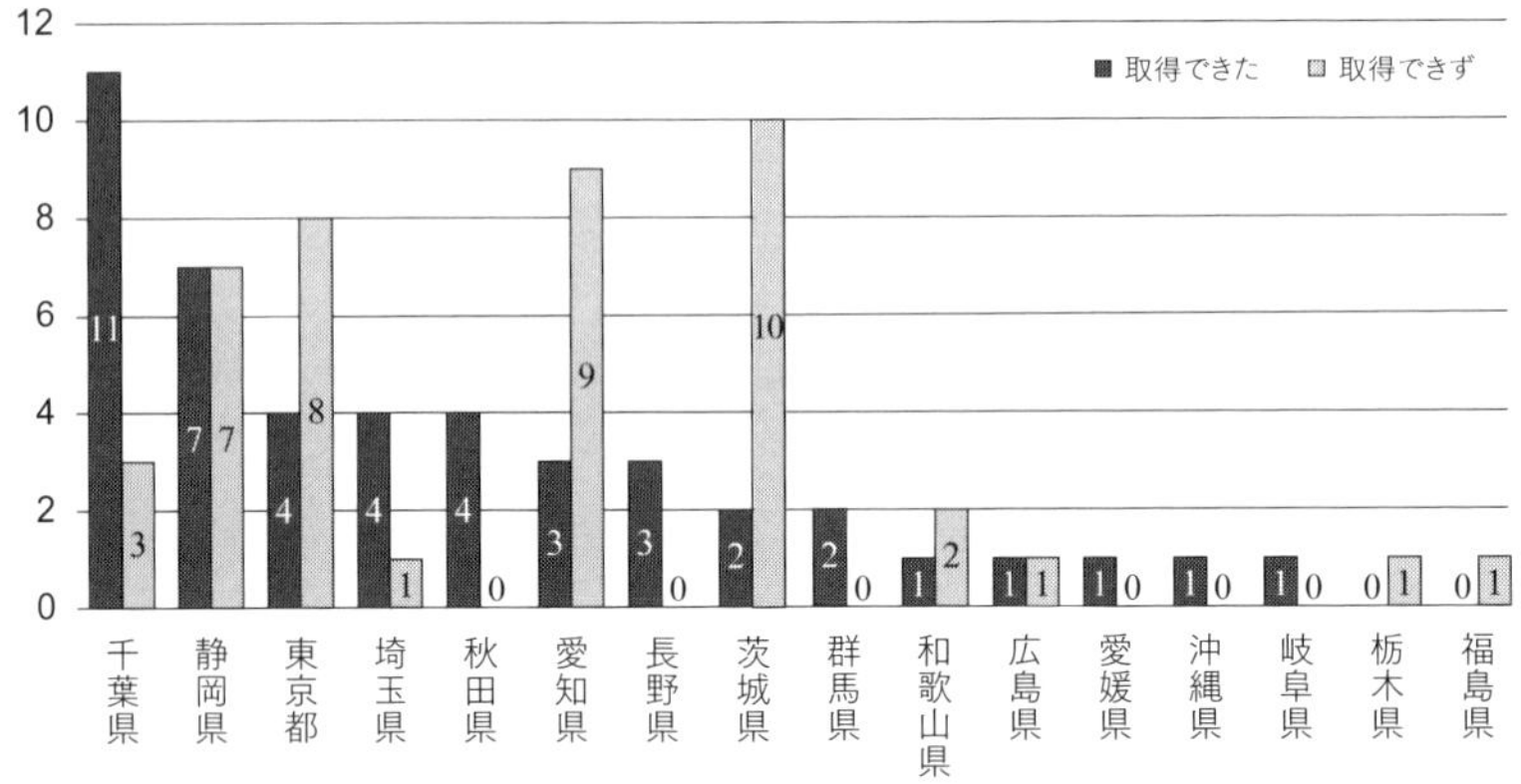

図 16　都道府県別 国籍取得状況別 施設に措置されたことのある「無国籍」の子どもの数の比較

出典：調査結果より筆者作成

＊国籍取得について外部機関に相談した事実と、その成否が判明する回答があった県のみ分析対象とする

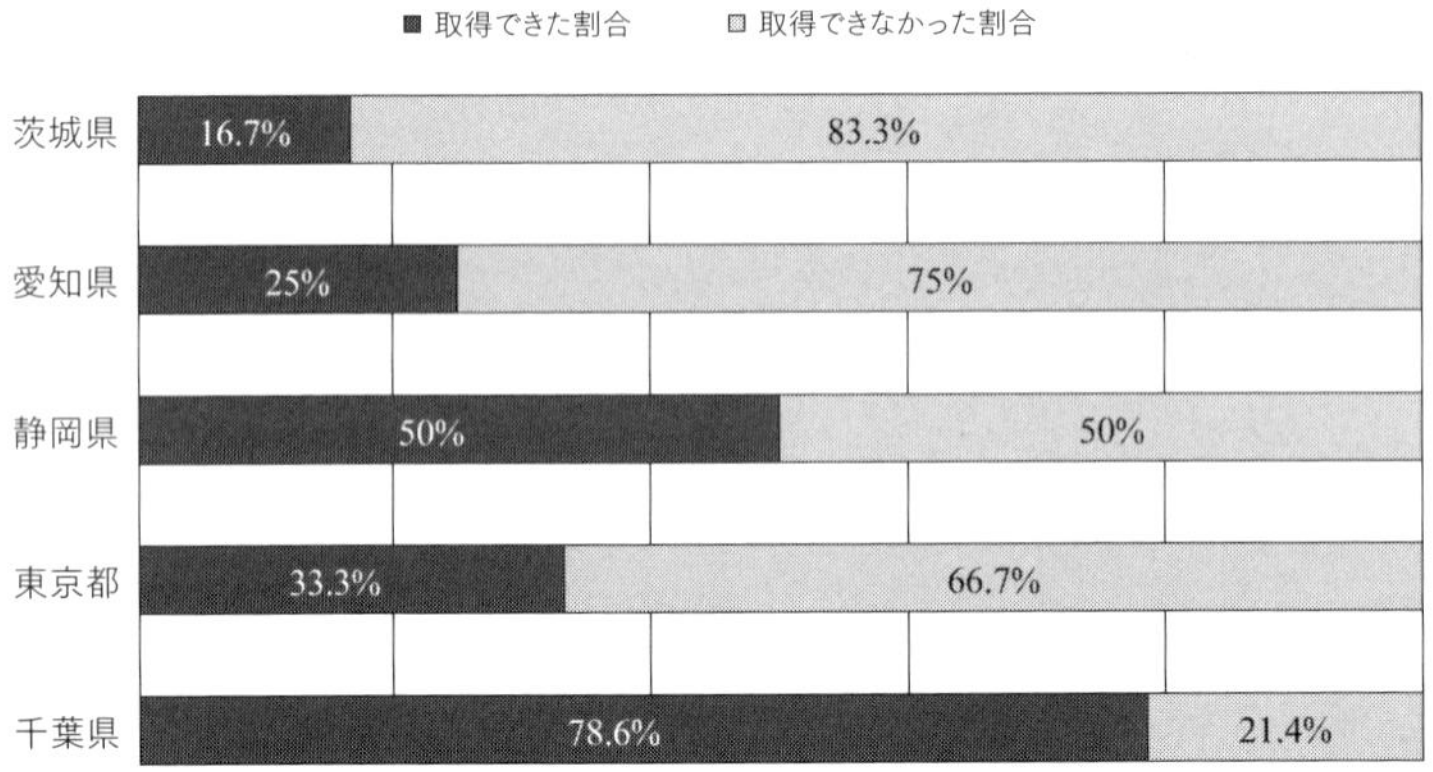

図 17　都道府県別 施設に措置されたことのある「無国籍」の子どもの国籍取得割合

出典：調査結果より筆者作成

＊国籍取得について外部機関に相談した事実と、その成否が明らかなケースが 10 件以上判明する県のみ分析対象とする

どこから来ているのでしょうか。それぞれの県の質問票を詳しく見ていくと、相談先の機関にはそれほど大きな差がありません。どうやら、こうした問題に「強い」個人や機関が存在するかどうかといった、偶然がそこに関係している面もあるようです。同じ国に生きる、同じような状況の子どもたちの中に、このように国籍取得率の差があるということは改善すべき点ではないでしょうか。

（３）「親が知れない」子どもの国籍

日本に「取り残された」子どもたちの中には、意外にも、多く親と死別したケースがありました。追跡調査で浮かび上がった二二件の子どもたちのなかで、当時三〇代だったと推定される母親が病気などで死亡したケースが三件ありました。そもそも日本人の三〇代女性の死亡率は一〇〇〇人あたり〇・四二人とされていますから、同じ日本に暮らすこうした子どもたち二二件のうち三件で母親が亡くなっているということは、今回の調査でわかった「無国籍」の子どもたちの親の死亡率が高いことがわかります。これは、非正規滞在者たちの医療や衛生、労働環境や生活環境の厳しさを反映していると見ることもできるかもしれません。いずれにせよ、「無国籍」の子どもが、外国から来た母親の日本での死によって、母親の母国とのつながりも絶たれ、「無国籍」状態で日本の児童養護施設に取り残されているという事実があるようです。また、前述したように、両親が日本で出会い、日本で産んだ子どもを育てることができずに施設に預けたまま帰国し、連絡が取れなくなるケースもあります。強制送還によって帰国したケースもあれば、そうでなく帰国したケースもあります。いずれにせよ、親は「必ず引き取りに来ます」という言葉を残して施設などに預け、しばらくは連絡が来るのですが、やがて数年で連絡が取れなくなるケースが多いといいます。連絡が取れなくなれば、子どもと親の母国とのつながりも絶たれ、親の母国の国籍取得は難しくなります。さらに同じように、父親や母親が、子どもを残して失踪するケースもあります。失踪した母親が、のちに日本国内で見つかる場合もありますが、すでに第三国へ出国している場合もあります。いずれにせよ、失踪後、親は新しい家族や生活を持っていることも多く、もし日本国内で母親が見つかっても、母親が子どもに存在を知らせることを拒否すれば、国籍取得に協力してもらうことは、困難となります。死・帰国・再移動——たとえどのような形であろうと、「取り残された」子どもたちは、親の母国の国籍を回復できる可能性が低いという現実に晒されています。

次の第6章では、この知識——「無国籍」の子どもを見つけたら、どのような解決方法があるのか、どこに何について相談に行けばよいのかについて、まとめて解説していきます。

第6章 「無国籍かも」という子に出会ったら
――ケース別対応例と相談窓口――

これまでの調査結果を受けて、本章では「無国籍の子ども」に接する機会のある方々に、できるだけ早い段階のうちに、無国籍の状況を脱するための手続きをすることが大切だということを知っていただくために、対応例を示していきます。

国籍は、「Rights to have rights（権利を持つための権利）」とも言われており、多くの権利の源となるものです。日本が一九九四年に批准した「子どもの権利に関する条約」の七条一項においても、「児童は、出生の後直ちに登録される。児童は、出生の時から氏名を有する権利及び国籍を取得する権利を有する（後略）」と規定されています。このように、出生後直ちに「登録」され、「名前」と「国籍」を取得することは、子どもが生まれながらにして有する重要な権利です。

しかし現実には、さまざまな理由から、「無国籍」のまま生活している子どもたちがいることは、すでに本書の中で解説したとおりです。

国籍がなくても、在留資格があれば日常生活には特別な支障はありません。そのため、とくに子どもが小さいうちは、国籍の必要性を、本人はもちろん周囲もあまり意識しません。しかし、後述するように、大人になると、結婚や出産等、人生の重要な局面で、本国の書類が必要になります。そうしたときに、すでに父母との関係が失われていると、子どもだけの努力で、父母の本国に国民として登録してもらうことは極めて困難になります。したがって、子どもが生まれたら、できる限り速やかに父母の本国で出生登録をすることは、子どもが大人になって、さまざまな権利を行使する上でとても重要なのです。

またそもそも、親の一方または双方が外国籍であっても、子どもが日本国籍を取得できる場合があります。

そこで本章ではまず、親の一方または双方が外国籍の子どもが、どのような場合に日本国籍を取得できるのかについて解説します。次に出生によって日本国籍を取得できない外国籍の子どもについて、親の本国での出生登録の方法の概略と、出生登録しないことによる不利益について解説します。

なお、本章で解説することは、あくまで法律や手続きの「概略」です。実際には、事案ごとに背景事情がさまざまであることから、ケースバイケースの対応を求められます。したがって、本人だけで役所や大使館に行って門前払いになったとしても、そこで諦めず、国籍や在留資格の問題に詳しい専門家に相談することをおすすめします。

もっとも、適切な相談先がわからなかったり、費用が心配という声があるかと思いますので、本章の最後に、相談先と、利用できる援助について紹介します。

（1）日本国籍が取得できる場合

（i）生まれながらの国籍取得

日本国籍の取得には三つの場合があります。一つめ、生まれながらにして取得する場合、二つめは父による認知によって取得する場合、三つめは帰化によって取得する場合です。

①出生による国籍取得　～国籍法二条一号・二号による国籍取得～

日本の国籍法二条は一号「出生時に父又は母が日本国民」であるとき、二号「出生前に死亡した父が死亡の時に日本国民」であったとき、子は出生により日本国籍を取得できると定めています。

母とは「子を分娩した女性」を意味します。したがって、子どもを代理で分娩する外国籍の「代理母」の場合、卵子の提供者が日本国籍であっても、子は日本国籍を取得しません。

一方、「父」とは、生物学的な父ではなく、「法律上の父」を意味します。つまり、血がつながっているだけでは、国籍法上の「父」とは言えません。子が出生した時に、父と母が婚姻しているか（離婚後三〇〇日以内の場合も含まれます）、あるいは子が生まれる前に「胎児認知」していない限り、生まれた子に「法律上の父」はいません。したがって、婚外子の場合、生物学上の父が日本人であっても母が外国籍の場合、子は日本国籍を取得しません。

②父母ともに知れない場合　～国籍法二条三号による国籍取得～

国籍法二条三号は、「日本で生まれた場合において、父母がともに知れないとき、又は国籍を有しないとき」子は出生により日本国籍を取得すると規定しています。生物学上の父母がともに日本人でなくとも、子が日本国籍を取得するのであり、血統主義の例外となります。

いわゆる「捨子」を発見した者（または棄児発見の報告を受けた警察官）は、二四時間以内にその旨を市区町村長に報告し、市区町村長が子に氏名をつけ、本籍を定め、その他の状況を記載した「調書」を作成します。この「調書」が「届出書」とみなされます（戸籍法五七条）。

病院や助産院に置き去りにされた子の場合は、出産に立ち会った医師・助産師等、出産に立ち会った者が出生届を提出します（戸籍法五二条三項）。出生届を受理した市区町村は、法務局に受理照会をし、法務局で調査の上、父母ともに不明と判断されれば、子は日本国籍を取得し、戸籍が作成されます。

なお国籍法二条三号に該当する「父」も、国籍法二条の一号・二号と同様に、「法律上の父」を言うと解されています。したがって、生物学上の父が判明しているだけでは、「父」は存在せず、母が不明であれば、子は日本国籍を取得します。仮に、出生後に外国籍の父が子を認知しても、出生の時に「法律上の父」がいなかったことに変わりはないため、子の日本国籍は喪失しません。

一方、二条三号に基づいて戸籍を編製したあとに、外国籍の母が現れて母子関係が明確になった場合には、戸籍が消除される可能性があります。

「父母ともに知れない子」というと、いわゆる捨子を想像すると思いますが、必ずしもそうではありません。たとえば、母親が生まれてすぐにいなくなったあと、生物学上の父が育てている子や、知り合いや親戚が育てている子も、「父母ともに知れない子」に当てはまる場合があります。

では、病院等に母の健康保険証やパスポートの写し等、母に関する情報が残されている場合には「父母ともに不明」とすべきでしょうか。この点、父母ともに「知れない」の程度と立証責任について明らかにしたのが、「アンデレ事件」の最高裁判決です（一九九五年〔平成七年〕一月二七日）。

「アンデレ事件」の背景は、すでに第1章の中で詳しく述べられているので省略しますが、最高裁は父母ともに「知れない」について、無国籍の発生防止という国籍法二条三号の趣旨に鑑み、「ある者が父又は母である可能性が高くても、これを特定するに至らないときは、「父母ともに知れない」の要件に当たると解すべきである。なぜなら、ある者が父又は母である可能性が高いというだけでは、なおその者の国籍を前提として子の国籍を定めることができず、その者が特定されて初めて、その者の国籍に基づいて子の国籍を決定することができるからである」という解釈基準を示しました。

このように、母に関する情報があったとしても、母とされる者の「本国」で母が「特定」されない限り、母は不明であり、子は出生により日本国籍を取得するというのが最高裁の判断です。

しかしながら、「アンデレ事件」後も、実務の場で必ずしも最高裁の判断基準が踏襲されているとは言えず、母親に関する断片的な情報に基づいて、子の国籍が判断されている実情があります。

このように、母に関する断片的で不確かな情報に基づいて、外国籍の子として登録された子は、在留カードの国籍欄に「フィリピン」「タイ」等の特定の国名が記載されてしまいます。したがって、周囲も子ども本人も、自分が母の本国で登録されていないことに気がつかないまま、成長してしまいます。

その不利益は後述しますが、母の本国と思われる国の大使館で母が特定できない場合は、法務局に対し、二条三号による国籍取得を認めるよう、積極的に働きかけることが重要です。法務局が認めない場合には、弁護士等の専門家に相談してください。

③父母が無国籍の場合　～国籍法二条三号による国籍取得～

入国管理局の二〇一七年一二月時点の発表では、日本に在留する外国人のうち、無国籍の人が六三三人います。そして、日本で生まれた子の父母がともに無国籍の場合、子は日本国籍を取得します。婚外子の場合は「父」は存在しないので、母が無国籍であれば、子は日本国籍を取得します。

もっとも、父母が無国籍かどうかの判断はとても難しく、出身国の国籍法や歴史、政治情勢等のさまざまな知識がなければ適切に判断することはできません。出身国の国籍法が変わってしまうこともあります。そのため、本人も、自分が無国籍であると気づいていない場合があります。

具体的な例を一つあげると、タイの東北部は、少数民族やベトナムやミャンマー等の近隣国から流入する難民が数多く居住しており、タイの国籍を持っていない人が沢山います。二〇一八年の夏、洞窟に閉じ込められたサッカーチームの少年やコーチが無国籍だったことは、世界的に大きく報じられました。九〇年代、こうした少数民族や難民たちが数多く、偽造パスポートを使って日本に入国しました。中には、人身売買の被害者として連れてこられた女性たちもいます。こうした人たちは、いずれの国の国民としても登録されていない、「事実上の無国籍者」です。しかし入国管理局は、彼らを必ずしも無国籍者として扱わず、在留カードの国籍欄には、「ベトナム」等の国名が記載される結果、本人たちも自分が「無国籍者」であると気づかない場合があります。

もっとも、入国管理局が〝無国籍〟として扱い、在留カード上の国籍欄には〝無国籍〟と記載されても、それだけで法務局が〝無国籍〟として扱わない場合があるので、さらに注意が必要です。

入管と法務局が異なる判断をする理由は定かではありませんが、実際に筆者が就籍のケースを扱った際に、法務局の担当者は「入管と法務局の判断が一致する必要はない」と明言していました。あくまで推測ですが、「外国人」の国籍があるかないか判断する場面に比べ、就籍や帰化のように「日本国籍」を与える場面では、無国籍についてより厳しく審査しているように感じます。

このように、無国籍の判断は極めて難しいのですが、在留カードの国籍欄に具体的な国名が記載されていても、その国が発行したパスポートや国民登録証等の公的書類を一切持っていない場合には無国籍の可能性があります。したがって、生まれた場所、日本に来た経緯等の事情をできる限り詳しく聴取し、出身国で国民として扱われていない可能性がある場合には、難民等の問題に詳しい専門家に相談してください。

④無戸籍と無国籍

戸籍とは、日本国籍を有する者について編纂されます。したがって無戸籍とは、日本国籍があることを当然の前提として、何らかの理由により戸籍が編纂されていないことを言います。したがって、「無戸籍」とは「日本国籍がある」ことを前提としており、換言すれば、「無国籍ではない」ということになります。

もっとも、②③で説明した「父母ともに知れない者」と「父母ともに無国籍の者」については、生まれながら日本国籍を取得しているので、本来は「無戸籍者」の問題です。しかし実際には、その子の父または母が「外国人らしい」というだけで「外国籍の子」の問題として扱われていることはすでに述べたとおりです。一方、日本人の子として無戸籍のまま生活しているあいだに、両親が死亡するなどして親子関係が立証できなくなると、「無国籍」となるリスクがあります（ただしこの場合、日本で生まれたことを立証できれば、「父母ともに知れない」として就籍が許可される可能性はあります）。

このように無国籍と無戸籍は異なる問題ですが、重なる部分もあります。近年、無戸籍の子どもたちの問題は社会的に認知され、その救済のためにさまざまな対策が講じられていますが、その一方で日本にいる「無国籍」の子どもたちの問題は放置され、その数すら正しく把握されていないことは大変残念なことです。

⑤出生後の身分変動と国籍

最後に、出生時に「法律上の父」が存在していても、「法律上の父」が「生物学上の父」ではない場合、父から「嫡出否認」や「親子関係不存在」を申し立てられる場合があります。これが裁判所で認められると、「法律上の父」は出生時に遡って存在しないことになります。その場合、母が外国籍であれば、子は日本人の父の子として取得していた「日本国籍」を失った上に、生まれた時から不法滞在の外国人として扱われるという、極めて深刻な事態に直面します。さらに、母が「日本人の子の親」という理由で在留資格を取得している場合には、母も在留資格を失い、母子共に退去強制処分となる危険があります。

「嫡出否認」や「親子関係不存在確認」の裁判実務は、いろいろと複雑な問題があるため、ここでは解説は省略しますが、仮に、戸籍上の父から「嫡出否認」や「親子関係不存在」の調停を申し立てられた場合には、必ず専門家に相談し、子どもが被る不利益を最小限にするよう、適切に対応する必要があります。

(ii) 認知による日本国籍の取得

(i) の①で述べたとおり、出生前に日本人の父が子を認知すれば(胎児認知)、子は出生時に日本国籍を取得します。また、日本国籍を有する父または母が二〇歳未満の子を認知した場合も、二〇歳になるまでに法務大臣に届出を行うことで日本国籍を取得できます（国籍法三条）。この点以前は、外国籍母の婚外子として生まれた子は、胎児認知か準正（子を認知した後に父母が婚姻するか、父母が婚姻した後に子を認知することにより、子が嫡出子たる身分を取得すること）によってしか日本国籍を取得できませんでした。しかし、二〇〇八年に最高裁が「認知されたにとどまる子と準正のあった子の間に日本国籍の取得に関する区別を生じさせていることは、憲法第一四条に違反する」との判決を出したことで国籍法が改正され、現在は、認知のみで日本国籍を取得できるようになりました。

届出による国籍取得は、本人が一五歳以上のときは本人が、本人が一五歳未満のときは親権者・後見人などの法定代理人（親権代行者である施設長も可）が行います。

ところで認知には、「任意認知」と「強制認知」があります。

任意認知は、父が自ら「認知届」を提出する方法で、母の同意は不要です。ただし子の出生時に母が第三者と婚姻中であった場合、子はその第三者の子と推定されるため、生物学上の父は子を認知できません。したがって、そのような場合は、認知する前に、嫡出否認や親子関係不存在確認の裁判等の手続きを採って、法律上の父子関係を否定する必要があります。

一方、父が認知を拒否する場合は、子またはその法定代理人（母、未成年後見人、施設長等）が家庭裁判所に「認知調停」を申し立てることができます。調停で、子が父の子であるという合意ができ、家庭裁判所が必要な事実の調査等を行った上で、その合意が正当であると認めれば、合意に従った審判がなされます。現在の家庭裁判所の実務では、ＤＮＡ鑑定を実施するのが一般的です。

調停で合意ができない場合は、認知の裁判を提起できます。父が裁判に来なかったり、DNA鑑定を拒否した場合は、子の妊娠時に父母が交際していた事実を裏付ける証拠等に基づいて父子関係が認められるか、裁判官が判断します。

父が死亡している場合、子または子の法定代理人は検察官に対して死後認知の請求ができますが、中立の期間は、父の死後三年以内に制限されています（民法七八七条）。

認知による国籍取得の届出は、子が二〇歳に達するまでしかできません。生物学上の父が協力的で、書類がそろっていれば、手続きにはそれほど時間はかかりません。しかし出生時に母が別の男性と婚姻している場合や、生物学上の父が非協力的な場合は、認知の手続きに時間がかかり、認知が認められた時には二〇歳を過ぎているということになりかねません。

したがって、子どもの生物学上の父が日本人であることが明らかな場合には、できるだけ早い時期に父親に認知を働きかけ、国籍取得の届出をすることが望ましいでしょう。

（iii）帰化による日本国籍取得

国籍法二条、三条により日本国籍が取得できない場合は、帰化による日本国籍取得の途があります。一般的な帰化申請の場合は、①五年以上日本に居住していること（日本で生まれた場合は三年）、②二〇歳以上かつ本国でも成人していること、③素行が善良であること、④独立して生計を営むことができること、⑤国籍を有せず、または日本の国籍の取得によってその国籍を失うべきこと等が条件とされます。

なお居住期間には、非正規滞在期間は含まれません。またそもそも、非正規滞在の期間があることは、帰化申請に際して不利に取り扱われます。したがって、将来帰化申請する際に不利益を被らないよう、もし在留資格がなければ、できるだけ早い時期に在留資格を取得することが望ましいでしょう。

日本人の子で日本に住所を有する者、未成年の時に日本人と養子縁組して一年以上日本に居住している者や、日本で生まれ、出生の時から国籍がなく、引き続き三年以上日本に住所を有する者については、上記①、②、④の要件を満たさなくても帰化を許可することができます（国籍法八条）。即ち、まだ学生で収入がなくても、単独で帰化申請できます。実際、成人してからの帰化申請では、収入や過去の納税、交通違反の有無等、厳しく審査されますので、本人が希望すれば、未成年のあいだに帰化申請できるメリットは大きいでしょう。

なお、「日本で生まれ、出生の時から国籍がなく」というのは、父母双方の本国が出生地主義をとる両親の子が日本で生まれた場合等を指します。また、在留カードに〝無国籍〟と書いてあっても、帰化を審査する法務局が〝無国籍〟と扱わない場合があることはすでに述べたとおりで、注意が必要です。

(2) 外国国籍が取得できる場合

(i) 本国での出生登録の手続きと障害

子が出生により日本国籍を取得できる可能性がない場合には、父または母の本国の大使館（領事館）に出生届を提出し、本国に登録する必要がありますが、本国への届出には多大な時間と労力が必要です。

まず外国籍の人も日本国内で出産した場合には、一四日以内に市区町村に出生届を提出しなければなりません。届出人は父または母、同居者、出産に立ち会った医師・助産師、または、子の法定代理人です。出生証明書と親のパスポートを持って市区町村に出生届を提出し、出生届の「受理証明書」か、または「記載事項証明書」を請求します。

これらの書類を本国に提出するには、翻訳を要求する国が多いです。さらに国によっては、翻訳に日本の外務省の「認証」を要求する場合もあるので、事前に大使館のホームページや電話で確認が必要です。

翻訳と認証が終わったら、東京や大阪にある大使館（領事館）で手続きをします。郵送申請が可能な国もありますが、その場合は書類を公正証書にすることが求められる場合もあります（例、フィリピン）。また大使館（領事館）で出生登録するためには、親の有効なパスポートと出生証明書等の書類が必要になるのが一般的です。

在留資格があり、婚姻している夫婦であってもこれだけの準備をすることは容易ではありません。まして、母親が非正規滞在であったり、他人名義のパスポートで入国している場合、大使館への届出は著しく困難になります。また正規滞在だったとしても、婚外子だったり、法律上の夫の子ではない等、複雑な背景を持つ出産も少なくありません。こうした場合も、母親にとっては、子の出生登録をためらう事情になります。

また、書類をそろえて大使館（領事館）に赴いても、国籍が取得できるとは限りません。たとえば、出生地主義を採用する国の国民の子は、父母両系血統主義を採用する日本で生まれても国籍を取得できません（例、パラグアイ）。両親双方が国民であることを条件とする完全両系血統主義の国（例、ミャンマー）や、父が国民の場合のみ子の国籍取得を認める父系血統主義の国（例、サウジアラビア）の場合、母が日本で婚外子を出産した場合、子は無国籍になる恐れがあります。また、父母両系血統主義を採用する国の子であっても、親の正確な氏名や生年月日、出生地等の情報がわからなければ、親の出生証明書等を取り寄せることはできません。したがって、親との関係が切れていたり、親が偽名を使って入国している場合等は、必要書類を入手できず、親の本国の国民として登録してもらうことはほぼ不可能になります。

こうした子どもたちでも、在留カードの国籍欄には親の国が記載されていることが多いことはすでに述べたとおりです。しかし実際には、親の本国に出生届を出すことができず、国民として扱ってもらうことができないのです。

では、本国で出生登録されていないと、どのような不利益があるのでしょうか。

（ⅱ）本国で出生登録されていないことにより被る不利益

本国で出生登録されていなくても、日本での在留資格があれば、日常生活を送る上で大きな不便はありません。日本人が、日常生活で戸籍謄本を必要とすることがないのと同じです。

しかし海外に行く場合は、原則、パスポートが必要です。家族で海外旅行へ行く機会がなくても、高校の修学旅行や研修等で海外へ行く機会があるかもしれません。また、日本語と外国語ができるメリットを活かして国際的な仕事に就くことを希望しても、パスポートがなければ、日本と海外を自由に行き来することは困難です。

また、外国籍の子が日本で結婚する場合、原則として、本国政府が発行するパスポートと婚姻要件具備証明書の提示を求められます。しかし本国で登録されていないと、こうした書類を入手できません。その結果、役所で婚姻届が受理されず、内縁関係のまま生活することを余儀なくされます。

内縁のまま子どもが生まれた場合でも、父親が日本人であれば、認知により日本国籍を取得できることはすでに解説したとおりです。しかし、母が外国籍の子の認知届を提出する場合、母のパスポート、出生証明書、独身証明書等の提出が求められます。したがって、こうした書類が用意できないと、子の父親が日本人だったとしても、生まれた子は日本国籍を取得できません。こうして、「無国籍」が母から子に引き継がれます。

また帰化する場合は、本国の国籍を離脱することが原則要求されます。この点、そもそも本国で登録されていなければ要件を満たしているように思われますが、法務局の取扱いはそう単純ではありません。法務局は、一度本国で出生届を出してパスポートを取得した上で、離脱するように求めます。本国で登録されていないから帰化したいのに、帰化するために本国の国籍を取得しろという無理難題を突き付けられ、結局帰化を断念するしかないという問題が実際に起きています。

本国に登録されていないという問題は、外国籍の子に退去強制事由があるとして強制送還される場合には、さらに深刻な事態を招きます。入国管理局が退去強制先に指定した国が国民として認めない場合、入国管理局は永久に違反者を収容しておくことはできないので、「仮放免」して、社会で生活することを許可します。しかし、「仮放免者」は働くこともできず、健康保険に加入することもできません。したがって、家族等の支援がないと、日本で生きて行くことは極めて困難になります。

本国で登録されていないということは、このように人生のさまざまな局面で、深刻な事態を招くことになるのです。実際、八〇年代から九〇年代に偽造パスポートで入国した女性たちが日本で産んだ子どもたちや、連れ子として幼い頃に連れてこられた子どもたちが、今、二〇代から三〇代になり、自分にはどうしようもないことで、さまざまな問題に直面しています。しかし、時間の経過により記録や記憶が失われてしまい、解決が極めて困難なのが現実です。

(3) 国籍問題の解決へ向けて

このように、国籍の問題は極めて複雑です。国籍法や民法等の日本の法律だけでなく、親の本国の国籍法の知識が必要です。さらには、親の出身国・地域の歴史、政治情勢等の知識が必要になる場合もあり、弁護士等の専門家であっても、外国人の事件を扱った経験がない場合は、適切に対応できるとは限りません。

したがって、外国籍の子どものビザや国籍の問題を相談する場合には、外国人の事件の取扱経験の豊富な弁護士や行政書士、外国人の支援をしているＮＰＯ団体等を通して相談することをおすすめします。以下に、相談先をあげていますので、参考にしてください。

弁護士に相談したり、依頼する場合、当然気になるのが費用です。「弁護士に頼んだら莫大な費用がかかるのではないか」と思われている方が多いかもしれませんが、資力等の一定の要件を満たせば、分割払いや、場合によっては無料で弁護士に依頼できる制度があり、弁護士費用だけでなく、ＤＮＡ鑑定や通訳・翻訳の費用の援助も受けることができます。

在留資格がある場合は、法テラスを利用できます。在留資格がない場合、在留資格があっても帰化等の行政手続きを依頼する場合は法テラスを利用できませんが、日本弁護士連合会から弁護士費用の援助を受けることができます。弁護士に相談する際に、こうした制度が利用できるかも、必ず相談してください。

参考資料1　ケース別対応フローチャート

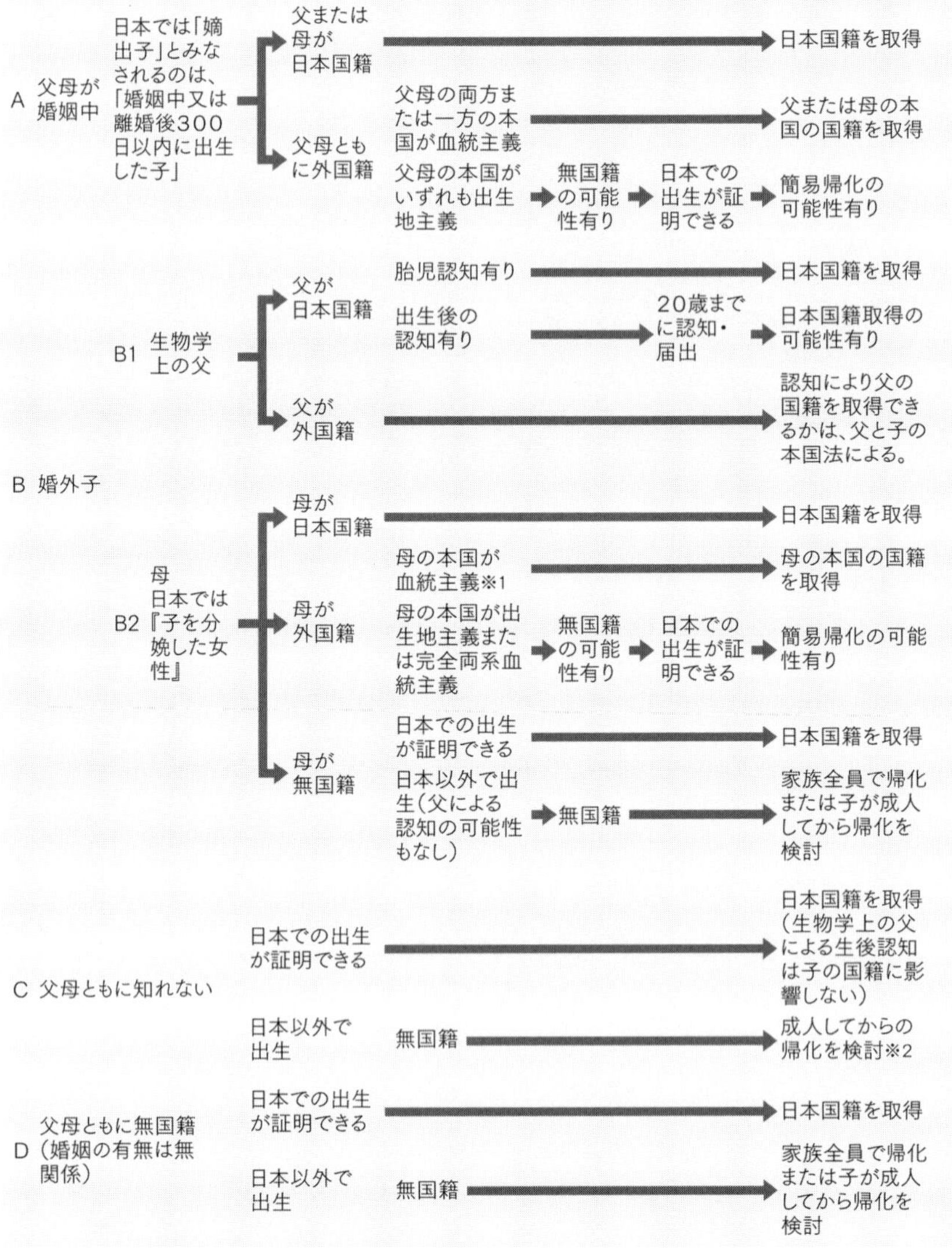

作成：風越寮 矢澤淳司／監修：小豆澤史絵

※1　理論上は母の国籍を取得しているが、母の本国での登録が適切に行われないと、事実上の無国籍になるリスクが高い類型である。

※2　母の存在が後日特定できれば母の国籍を取得。また、生物学上の父が判明し認知が可能であれば、B1と同様に扱われる可能性はある。

参考資料2　外国につながる子どもの国籍について相談できる機関

◆無国籍弁護団

無国籍の問題にかかわる弁護士のグループ。就籍、帰化、在留資格、認知など、裁判手続・行政手続を問わず、個別のケースの相談・支援を行っている。相談は無料。個別に支援が必要な場合は弁護士の紹介も行う。

相談受付はメールのみ。

E-mail: 0mukokuseki@gmail.com

相談言語：日本語・英語

◆ISSJ 日本国際社会事業団　http://www.issj.org/

養子縁組・国際離婚・無国籍の子どもなどに関する相談・援助を行う社会福祉法人

〒 113-0034　東京都文京区湯島 1-10-2　御茶ノ水 K&K ビル 3F

E-mail: issj@issj.org

TEL: 03-5840-5711（月～金 10: 00－17: 00）

相談言語：日本語・英語・タガログ語・タイ語・ベトナム語

◆JFC ネットワーク　http://www.jfcnet.org/

日本人とフィリピン人の間に生まれた子どもたち（Japanese-Filipino Children: JFC）を支援する NPO

〒 160-0023　東京都新宿区西新宿 4-16-2　西新宿ハイホーム 206

E-mail: jfcnet@jca.apc.org

TEL: 050-3328-0143（火・水・金 10: 00－16: 00）

相談言語：日本語・英語・タガログ語（ほかは応相談）

◆無国籍ネットワーク　www.stateless-network.com

無国籍者に関する広報、無国籍者の法的支援や交流会などを行い、無国籍者の地位・生活の安定を目指した活動をしている NPO 団体。

Email: officer@stateless-network.com

相談言語：日本語・英語、中国語（その他応相談）

おわりに

これまで見てきた調査の結果から、まずは、地域ごとの子どもの国籍問題の解決にかかるコストや能力の差を少なくするため、国籍があいまいな子どもに接する機会のある方々の間に、国籍問題に関する知識の共有を図ることが大切だと言えるのではないでしょうか。また、児童養護施設にこれだけの国籍問題を抱える子どもがいるということは、児童養護施設に措置されず非正規滞在の両親と一緒に暮らす国籍のあやふやな子どもたちがいることを予想させるという点にも、目を向ける必要があるでしょう。

本書は、今後もっと多くの、もっと多様な人の手で、もっと正確な子どもの国籍に関する実態調査が生まれてほしい、また「無国籍」の子どもたちが早い段階でその状態を脱することができる仕組みが普及して欲しいという願いを込めて書かれています。この調査報告は、その道のりの小さな一歩でしかありません。しかしそれが小さな一歩となり、この調査報告に続いて多くの無国籍に関する調査報告が世に送り出され、国籍があやふやな子どもがその状態を解決できる仕組みが普及することを、筆者共に、願ってやみません。

あとがき

調査にご協力くださった児童養護施設職員の方々の貴重なコメントから、本書はつくられています。私たちは、追跡調査で施設に伺う度、職員の方々が驚くほど時間に追われる日常を過ごされているのを、目の当たりにしました。そのような中、突然届いた質問票にご回答くださった施設が日本中の全施設の半数にも上ったことを思うにつけ、職員の方々の子どもたちの幸せを願うお気持ちの強さを思わずにおれません。ご回答くださった全国の児童養護施設の職員の方々に、ここに記して心より御礼申し上げます。それに加えて、お時間を割いて追跡調査を引き受けてくださった施設の職員の方々には、重ねて御礼申し上げる次第です。

弁護士の小田川綾音さん、児童養護施設「子供の町」の施設長・根岸昇先生のお二人は、文章に目を通して丁寧なコメントをくださいました。また児童養護施設「風越寮」の副施設長・矢澤淳司先生は、文章にコメントをくださっただけでなく、わかりやすいフローチャートの原案をつくってくださいました。また明石書店は、私たちの願いを聞き入れ、ブックレットとして出版してくださいました。また渡辺郷子さんは、質問票発送・回収・データ初期入力で実務を担当してくださいました。皆様には、記してお礼申し上げます。

参考文献

Allerton, Catherine. (2014) "Statelessness and the lives of the children of migrants in Sabah, East Malaysia," *Tilburg Law Review: Journal of International and European Law*, 19(1-2). pp.26-34.

Arendt, Hannah. (1958 [1951]) *The Origins of Totalitarianism*. New York: Meridian Books.（ハナ・アーレント、一九七二『全体主義の起源２——帝国主義』大島通義・大島かおり訳、みすず書房）

Ball, Jessica., Leslie Butt, and Harriot Beazley. (2014) "Children and Families on the Move: Stateless Children in Indonesia," Preliminary Field Research Report, Lombok and Jakarta, May 2014, CAPI Field research report, Centre for Asia-Pacific Initiatives University of Victoria.（http://dspace.library.uvic.ca/handle/1828/6523, 最終アクセス日：二〇一八年一一月四日）

Ball, Jessica., Leslie Butt, and Harriot Beazley. (2017) "Birth Registration and Protection for Children of Transnational Labor Migrants in Indonesia," *Journal of Immigrant & Refugee Studies*, 15(3): 305-325.

Bhabha, Jacqueline. (2011) "From Citizen to Migrant: The Scope of Child Statelessness in the Twenty-First Century," Jacqueline Bhabha eds., *Children Without a State: A Global Human Rights Challenge*, Cambridge and London: The MIT Press. pp.1-39.

Blitz, Brad K. and Maureen Lynch. (2011) "Statelessness and the deprivation of nationality," Brad K. Blitz and Maureen Lynch eds., *Statelessness and Citizenship: A Comparative Study on the Benefits of Nationality*. Cheltenham & Northampton, MA: Edward Elgar.

Blitz, Brad K. and Amal de Chickera. (2012) "Editorial, Special Issue: Statelessness in Europe," *European Journal of Migration and Law*, 14: 239-242.

Butt, Leslie., Jessica Ball, and Harriot Beazley. (2015) Transnational Migrant Families, Child Statelessness, and Decisions about Birth Registration: Implications for policy and practice in Indonesia. CAPI Field research report, Centre for Asia-Pacific Initiatives University of Victoria.（http://dspace.library.uvic.ca/handle/1828/6348, 最終アクセス日：二〇一八年一一月四日）

Chung, Erin Aeran. (2014) *Immigration & Citizenship in Japan*, New York: Cambridge University Press.

Douglass, Mike and Glenda S. Roberts. (2003) "Japan in a global age of migration," Mike Douglass and Glenda S. Roberts eds., *Japan and Global Migration: Foreign Workers and the Advent of a Multicultural Society*, Honolulu: University of Hawai'i Press. pp.3-37.

法務省（二〇〇六）「在留外国人統計 二〇〇六年 第三表　都道府県別国籍（出身地）別外国人登録者」（https://www.e-stat.go.jp/stat-search/files?page=1&layout=datalist&toukei=00250012&tstat=000001018034&cycle=7&year=20060&month=0&tclass1=000001060436, 最終アクセス日：二〇一八年一一月一二日）

法務省（二〇一八ａ）「在留外国人統計 二〇一七年一二月 第一表　国別・地域別 在留資格（在留目的）別在留外国人」（https://www.e-stat.go.jp/stat-search/files?page=1&layout=datalist&lid=000001201946, 最終アクセス日：二〇一八年一一月一二日）

法務省（二〇一八ｂ）「在留外国人統計 二〇一七年 一二月 第四表　都道府県別国籍・地域別在留外国人」（https://www.e-stat.go.jp/stat-search/files?page=1&layout=datalist&toukei=00250012&tstat=000001018034&cycle=1&year=20170&month=24101212&tclass1=000001060399, 最終アクセス日：二〇一八年一一月一二日）

法務省（二〇一八ｃ）「本邦における不法残留者数について（平成二九年一月一日現在）第一表　国籍・地域別 男女別不法残留者数の推移」（http://www.moj.go.jp/nyuukokukanri/kouhou/nyuukokukanri04_00066.html, 最終アクセス日：二〇一八年一一月一二日）

Jones, Huw. (2003) "The Pacific-Asian context of international migration to Japan," Roger Goodman, Ceri Peach, Ayumi Takenaka and Paul White. eds., *Global Japan: The experiences of Japan's new immigrant and overseas communities*. London & New York: Routledge. pp.38-56.

Mohapatra, Seema. (2012) "Stateless Babies & Adoption Scams: A Bioethical Analysis of International Commercial Surrogacy," *Berkeley Journal of International Law*, 30(2): 412-450.

日本弁護士連合会（二〇〇三）「子どもの権利条約に基づく第二回日本政府報告に関する日本弁護士連合会の報告書」（https://www.nichibenren.or.jp/activity/document/opinion/year/2003/2003_25.html, 最終アクセス日：二〇一八年一一月七日）

日本弁護士連合会編（二〇一一）『子どもの権利条約・日弁連レポート　問われる子どもの人権——日本の子どもたちがかかえるこれだけの問題』駒草出版

入管協会（一九八九–二〇一八各年版）『在留外国人統計』入管協会（ただし一九八九–一九九五年度までは隔年で発行）

小田川綾音・関聡介（二〇一七）『日本における無国籍者——類型論的調査』ＵＮＨＣＲ駐日事務所

奥田安弘（二〇〇二）『数字でみる子どもの国籍と在留資格』明石書店

奥田安弘（二〇一七）『家族と国籍——国際化の安定のなかで』明石書店

UNHCR (2018) UNHCR Global Trends: Forced Displacement in 2017, UNHCR.（https://www.unhcr.org/globaltrends2017/, 最終アクセス日：二〇一八年一一月二〇日）

Sen, Amartya. (1999) *Commodities and Capabilities*, Oxford and New York: Oxford University Press.（アマルティア・セン、一九八八『福祉の経済学——財と潜在能力』鈴木興太郎訳、岩波書店）

Sigona, Nando. (2016) "Everyday statelessness in Italy: status, rights, and cmps," *Ethnic and Racial Studies*, 39(2): 263-279.

信濃毎日新聞社編集局編（一九九五）『ボクは日本人——アンデレちゃんの一五〇〇日』信濃毎日新聞社

van Waas,Laura. (2007) "The Children of Irregular Migrants: A Stateless Generation?" *Netherlands Quarterly of Human Rights*, 25(3): 437-458.

読売新聞　一九九五年一月二八日「[社説] 男児の国籍は認められたが…」

外国につながる子どもと無国籍に関する実態調査

以下のうち当てはまるものに☑を入れてください。ひとつの質問にいくつ☑を入れていただいても構いません。どうぞよろしくお願いいたします。

1. これまでにこちらの施設に、外国につながる国籍がない(かもしれない)子どもは、いたことがあると思いますか。	□ 以前いたことがある(と思う) □ 現在いる(と思う) □ いたことはない(と思う) □ わからない

以下、上の質問1で「以前いたことがある(と思う)」「現在いる(と思う)」とお答えになった方にのみ伺います。

2. これまで、何人くらいの国籍がない(かもしれない)子どもがいたことがあると思いますか(現在いる子どもも含む)。	＿＿＿＿＿人くらい
3. 現在、何人くらいの国籍がない(かもしれない)子どもがいると思いますか。	＿＿＿＿＿人くらい
4. 上記の子どもたちは、(父母もしくはそのどちらかが)どの国につながっていたと思われますか(あてはまるもの全てに☑をしてください)。	□ 父親が　□ 母親が　□ 両親が ・・・・・・・・・・・・・・・・・・・・ □ 中国　□ 韓国　□ ブラジル □ タイ　□ フィリピン □ その他(　　　　　　　　)
5. これまで、上記の件で外部の専門家に相談したことがありますか。	□ ある　　□ ない
⇒「ある」場合に相談した相手	□ 市町村の戸籍課、□法務局、□弁護士 □その他(　　　　　　　　)
⇒「ある」場合、相談して国籍を取得できましたか。	□ 日本国籍を取得できた(ことがある) □ 日本以外の国籍を取得できた(ことがある) 国名：＿＿＿＿＿＿＿＿＿＿ □ 取得できなかった(ことがある)
6. 右の(1)もしくは(2)に当てはまる場合、どうぞ当てはまるものに☑を入れていただき、施設名とご担当者名をお書きください。	□(1) 調査結果報告書の送付を希望する □(2) 対面もしくは電話で、もう少し詳しいお話やご意見を伺える可能性がある 施設名：＿＿＿＿＿＿＿＿＿＿ ご担当者名：＿＿＿＿＿＿＿＿＿＿

ご協力ありがとうございました

長野県

添付資料1　児童養護施設に送った質問票

添付資料２　都道府県別 質問票の発送数と回収率

番号	県名	発送数	宛先知らずで戻ってきた数	回答が戻ってきた数	回収率
01	北海道	23		9	39.1%
02	青森	6		2	33.3%
03	岩手	6		5	83.3%
04	宮城	5		3	60.0%
05	秋田	4		3	75.0%
06	山形	5		3	60.0%
07	福島	8		5	62.5%
08	茨城	19		10	52.6%
09	栃木	11		5	45.5%
10	群馬	8		3	37.5%
11	埼玉	22		8	36.4%
12	千葉	23		8	34.8%
13	東京	51		27	52.9%
14	神奈川	34	1	13	39.4%
15	新潟	5		3	60.0%
16	富山	3		1	33.3%
17	石川	8		3	37.5%
18	福井	5		3	60.0%
19	山梨	7		4	57.1%
20	長野	17		8	47.1%
21	岐阜	10		8	80.0%
22	静岡	14		10	71.4%
23	愛知	36		20	55.6%
24	三重	11		6	54.5%
25	滋賀	4		0	0.0%
26	京都	13		9	69.2%
27	大阪	39		14	35.9%
28	兵庫	31		16	51.6%
29	奈良	6		4	66.7%
30	和歌山	8		6	75.0%
31	鳥取	5		3	60.0%
32	島根	3		0	0.0%
33	岡山	12		6	50.0%
34	広島	13	1	7	58.3%
35	山口	10		3	30.0%
36	徳島	7		2	28.6%
37	香川	3		1	33.3%
38	愛媛	10	1	5	55.6%
39	高知	8		3	37.5%
40	福岡	20		11	55.0%
41	佐賀	6		4	66.7%
42	長崎	11		8	72.7%
43	熊本	12		8	66.7%
44	大分	9		6	66.7%
45	宮崎	9		3	33.3%
46	鹿児島	14		8	57.1%
47	沖縄	8		6	75.0%
	計	602	3	303	50.3%

出典：調査結果より筆者作成

◆筆者紹介

石井 香世子（いしい かよこ）
立教大学社会学部教授
1975 年生まれ。専門は社会学、東南アジア社会論。フィールドは東南アジア（タイ）。近著に *Marriage Migration in Asia: Emerging Minorities at the Frontiers of Nation-States*（編著、Kyoto University Press / NUS Press、2016 年）、『国際社会学入門』（編著、ナカニシヤ出版、2017 年）など。

小豆澤 史絵（あずきざわ ふみえ）
弁護士（神奈川県弁護士会）
1969 年生まれ。多数の無国籍移民の案件を手掛けながら、日本における無国籍者の地位をめぐる調査・研究を精力的に進めている。主な著作に “Stateless persons from Thailand in Japan.” *Forced Migration Review*, (32), 33.（共著、2009 年）、『日本における無国籍者――類型論的調査』（共著、UNHCR 駐日事務所、2017 年）など。

外国につながる子どもと無国籍
――児童養護施設への調査結果と具体的対応例

2019年2月28日　初版第1刷発行

著　者　石井　香世子
小豆澤　史絵
発行者　大江　道雅
発行所　株式会社　明石書店
〒101-0021 東京都千代田区外神田6-9-5
電話 03（5818）1171
FAX 03（5818）1174
振替　00100-7-24505
http://www.akashi.co.jp/
装幀　明石書店デザイン室
印刷/製本　モリモト印刷株式会社

（定価はカバーに表示してあります）　ISBN978-4-7503-4798-1

国際家族法

奥田安弘［著］

◎A5判／上製／600頁　◎6,400円

国際家族法と隣接法分野を網羅した新しいスタイルの体系書。国籍法･戸籍法･入管法も詳しく解説する。著者が長年の研究成果を踏まえ、理論と実務の両方の視点から、新境地を開拓する。

《内容構成》

〈価格は本体価格です〉